ローズヴェルト　アフロ提供

新婚時代　1905年
Alamy 提供

母とともに　1932年

ローズヴェルトとその家族

家族とともに	1932年 Alamy 提供
孫とともに	

上：ラジオ放送に臨む　1940年。Alamy 提供

下：イギリスのチャーチルとともに　1943年。Alamy 提供

新・人と歴史 拡大版 32

ローズヴェルト

ニューディールと第二次世界大戦

新川 健三郎 著

SHIMIZUSHOIN

本書は「人と歴史」シリーズ（編集委員　小葉田淳、沼田次郎、井上智勇、堀米庸三、田村実造、護雅夫）の「ルーズベルト」として一九七一年に、「清水新書」の『ルーズベルト　ニューディールと第二次世界大戦』として一九八四年に刊行したものに、表記や仮名遣い等の一部を改めて復刊したものです。

はしがき

フランクリン＝デラノ＝ローズヴェルトは、アメリカ合衆国（以下アメリカ）はもとより世界の現代史におけるもっとも卓越した政治家の一人といえよう。かれは大恐慌の経済的破局にさいして、アメリカ経済の体質を変えるような大胆な政策をうちだし、第二次世界大戦においても、連合国側の指導者としてすぐれた手腕を発揮した。社会不安と国際的紛争に揺れ動いた危機の時代に、歴史とともに歩み、その中に偉大な足跡を残したのである。ニューディールを推進し、反ファシズム戦線の先頭にたったローズヴェルトが、「進歩的な改革者」、あるいは「民主主義の擁護者」と高く評価されてきたのは当然といえた。だが他方で、その輝かしい業績は認めながらも、かれは確固としたイデオロギーや思想をもたぬ「日和見主義的な政治屋」にすぎず、共産主義勢力の脅威を十分に認識しなかった「楽観的な理想主義者」とも批判されている。

こうした矛盾するようにみえる評価はそれぞれ妥当する面があるが、ここであらためてローズヴェルトの活動をふりかえり、かれの進歩性とその限界を吟味しなおすことは、当時の歴史を理解する一つの助けともなろう。本書では、広く時代の流れの考察にも重点をおき、その中でローズヴェルトが果たした役割を批判的に検討していきたい。

目次

41. 9～10
モスクワ会談 42. 8
43. 10
ロンドン世界経済会議 33.6～7
ヤルタ会談 45.2
テヘラン会談 43. 11～12
ブランカ会談
カイロ会談
43. 11

ローズヴェルト政府が参加した主な国際会議

序　危機の時代の指導者として

❖直面した二つの課題

ローズヴェルトが生きた一九世紀末から二〇世紀前半にかけての六〇余年間は、アメリカにとってのみならず、世界全体にとって、変動の多い、重要な時期であった。この時期にアメリカは独占資本の成長のもとで多くの社会問題に直面し、とくに一九二九年からは経済機構を根底からゆるがすような深刻な経済恐慌に見舞われた。また、世界情勢も帝国主義列強間の対立が深まる中で第一次世界大戦をむかえ、ロシア革命がおこり、さらにファシズムの台頭により国際秩序はふたたび崩壊の危機に瀕した。国内改革によってアメリカ経済の再建を図り、また、強力な指導力のもとに国際平和を確立することは、困難な、しかし、なしとげなければならない重大な課題であった。ローズヴェルトはアメリカの、そして世界の指導者として、これらの問題にとりくみ、その実現に重要な役割を果たしたのであった。

大統領の職務に励むローズヴェルト

アメリカは建国以来百年以上にわたって「新大陸」での膨張と発展をなしとげ、一九世紀末には、世界一の工業生産力を誇る大国として国際舞台に登場した。だが、産業資本の成長につれて独占的企業への経済力の集中が強まると、アメリカ国内に、連邦政府の手で経済規制を行ない、富と権力の集中に伴って生じた種々の弊害を是正しようとする改革運動がおこった。これは二〇世紀初め、革新主義《プログレシビズム》の風潮が広まる中でいちじるしいもりあがりをみせ、当時政界に入ったローズヴェルトも、この改革の気運に少なからぬ影響を受けた。第一次世界大戦が勃発するや、アメリカ社会はふたたび大企業の利害が中心になって動かされるようになり、一九二〇年代にアメリカ資本主義が繁栄を謳歌する中で、保守的な風潮に支配されるようになった。だが、革新主義のもとで形成された改革の伝統はこの時期にも決して消えることはなかった。

　一九二九年大恐慌がおこると、アメリカの経済機構は全面的な破《は》綻《たん》をみせ、これまでにない大がかりな改革が要求された。ローズヴェルトが国民の期待をになって政権についたのはまさにこの重大な危機の最中であった。かれはすぐれた政治力と比類のない行動力をもって国民の信望をかちとり、経済のほとんどあらゆる分野にわたるニューディール政策を実施して、その後のアメリカ経済社会に大きな影響を及ぼす重要な改革をなしとげたのであった。かれは社会構造を根底から変えるような急進的な変革のプランはもたず、また、一貫した理論的な政策思想をもちあわせていなかったが、大胆な実験をもおそれぬ勇気と実践的精神を備え、現実の状況に巧みに順応する柔軟性を有していた。

そして、これらの政治的資質はニューディールをアメリカの改革運動の頂点にまで高め、ローズヴェルトをアメリカ史上もっとも偉大な指導者のひとりにしたのであった。だが同時に、既存の経済制度や社会秩序の根本的な変革を避け、部分的な修正の積み重ねという形をとったニューディールは、多くの弱点や欠陥を有し、後の時代に解決を迫る問題をのこすことになったのも否《いな》めない事実であった。

一方対外的にも、アメリカは一九世紀末以来、従来の孤立主義の殻からぬけだし、国際社会で重要な役割を演ずるようになった。国内の経済力の発展を背景に、アメリカは海外市場の獲得にのりだし、米西戦争では自ら植民地も領有して、帝国主義列強の仲間入りをした。海外進出の気運の中で成長したローズヴェルトも早くから国際的感覚を身につけ、大海軍主義を信奉して、アメリカが国際舞台で国力にふさわしい活躍をするのを期待したのであった。帝国主義諸国間の勢力争いは一九一四年ついに第一次世界大戦をひきおこしたが、アメリカはウィルソンの指導のもとに国際連盟の設立を提唱するなど、国際秩序の再建に尽力する姿勢を示した。

ウィルソンの理想主義に深く傾倒していたローズヴェルトが、従来の権力政治的な考え方に国際協力の理念をつけ加え、より広い国際主義の立場を身につけたのも当然であった。アメリカは結局国際連盟に加盟せずに終わり、孤立主義的態度にもどったかのようにみえたが、しかし、世界一の経済力をもつアメリカが自国の殻にこもることは不可能であり、国際主義はひきつづきアメリカの対外政策の基調をなしていた。

大恐慌は第一次世界大戦後の国際秩序をも破綻させ、世界はいくつかの経済ブロックに切断され、この混乱の中でファシズム勢力が台頭してきた。国内の経済危機に直面していたローズヴェルトはしだいに険悪になる国際情勢に積極的に対応できず、西半球の結束の強化に努めるのが精一杯のありさまだった。しかし第二次世界大戦が勃発し、民主主義陣営が危険な状態に陥るや、ローズヴェルトは反ファシズム戦線の先頭にたち、世界の期待を一身に集めることになった。そしてかれは大戦を勝利に導くために指導的な役割を果たしただけでなく、戦後の国際平和構想の作成のために尽力したのであった。ここでは、かれの国際主義の理念は国際連合を中核とする「一つの世界」の構想としてあらわれ、社会体制の相違をこえた大国の協力により平和な国際秩序の建設が志向されていた。しかし、この構想がどのような問題点を含んでいたにせよ、かれはそれを実行にうつすもっとも重要な時期に死去し、すべてはその後継者に委ねられることになってしまったのである。

ローズヴェルトはこのように危機の時代に生きた指導者であった。国内および国際的な危機がかれを偉大な政治家にしたともいえよう。大恐慌と第二次世界大戦というこれまでにない経済的混乱と世界の紛争を通して、かれはアメリカのみならず世界の歴史の運命を決めるような重大な役割を演ずる立場にたたされたのである。かれが直面した課題は大きくわけて二つあった。それは国内改革と国際平和の実現であった。ローズヴェルトはどのような環境の中で成長し、いかなる資質や考え方の持ち主だったのだろうか。また、これらの課題にどのようにとりくみ、そしていかなる成果を収めることができたのであろうか。

I

貴族的政治家の誕生

アメリカ名門の貴公子

❖名門の血統

一八八二年一月三〇日、フランクリン＝デラノ＝ローズヴェルトはハドソン河に沿う美しい自然につつまれたニューヨーク州のハイドパークで生まれた。ローズヴェルト家はこの上流階級の広壮な邸宅が散在する田園の一角を占めるのにふさわしいアメリカの名家であった。

かれの祖先はアメリカがまだイギリスの植民地であった一七世紀なかばに、当時ニューアムステルダムと呼ばれていたニューヨークの地に、オランダから移住してきた商人であった。貿易取引などでめざましい成功を収めたローズヴェルト家は、ニューヨークの上流階級に入り、アメリカの独立革命にさいしても、多くの富裕な商人がイギリス側についたにもかかわらず、独立を支持して、革命派の中に社会的地歩をきずいた。その結果、独立後はニューヨーク政界の有力者として州憲法の起草に参画したのみならず、その一家から上院議員もだした。

ローズヴェルト家はその後もひきつづき実業界をもとに活躍し、フランクリンの父ジェームズも鉄道をはじめ、石炭業、運河建設など手広く事業を行なっていた。かれは見かけは乗馬をたのしむ昔ふうの田舎紳士で、道楽に民主党の政治に首をつっこみ、当時の産業界の巨頭のようなめざましい活動こそなかったが、経営や財産管理に手腕を示して、後にフランクリンが政界にのりだすのに必要な経済的基盤をつくりあげていた。こうしてローズヴェルト家は単なる名ばかりの名門ではなく、富裕な経済力の裏づけをもっていたのである。ある系図研究家によれば、ローズヴェルト一族は少なくとも一一人の大統領と血筋のつながりをもち、「新大陸」

ローズヴェルトの家系

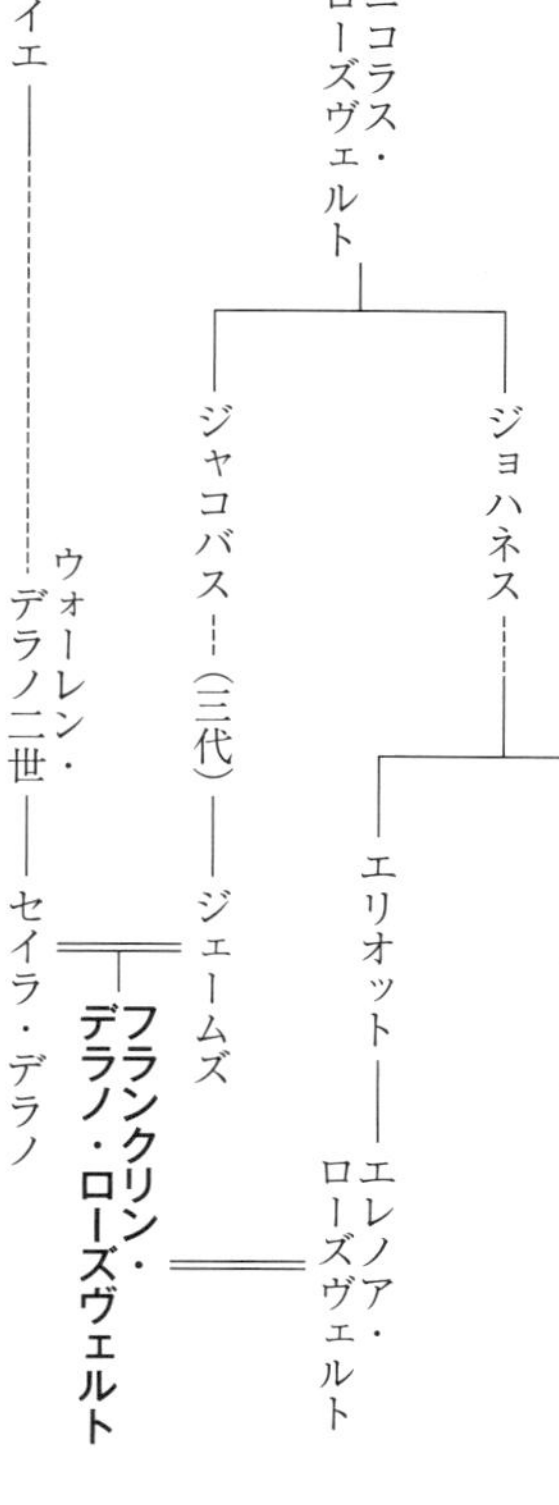

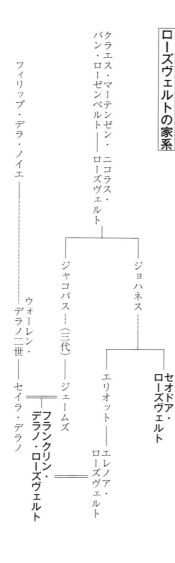

母親セイラとともに（1893年）

に最初に移住した先祖の直系だけをみても、三人の大統領をだしたといわれている。

母方のデラノ家もフランダース出のやはり由緒《ゆいしょ》ある名家であり、祖先は一六二一年ニューイングランドにわたった清教徒であった。かれらも海運業で財をなし、その地方で資産家としての地位を保っていた。フランクリンの母親セイラは意志の強い婦人で、二六歳の若さで、当時夫人に死別していた五二歳のジェームズと結婚した。かれらの結婚生活は年齢のへだたりにもかかわらず、平穏で幸せなものであった。だがフランクリンが生まれたとき、ジェームズは高齢で、健康もあまりすぐれなかったので、日常生活はセイラがきりまわすことになり、そのためフランクリンも家庭では、父よりこの気丈な母から強い影響を受けることになった。

フランクリンはハドソン河の自然の中で幼少時を過ごし、恵まれた環境のもとで、なに不自由なく育てられた。読書好きというよりは、鳥の標本を集めたり、小馬や帆船をあてがわれて遊ぶなど、戸外の生活に多く親しんだ。教育も地方の富裕な家庭によくあるように、小学校には入らず、両親や家庭教師から受け、友人も同じ上流階級から選ばれた。したがって一般の民衆の生活とは接触がなく、庶民性に欠ける面があった。その反面、青年期に入る前に八度もヨーロッパに遊山旅行につれていかれたことからもわかるように、早くから海外の様子を見聞する機会をもち、自然に国際的感覚を養われたのであった。

❖上流社会の学校へ

フランクリン＝ローズヴェルトは一四歳のとき、良家の子弟だけを集めるボストンのグロトン校に入学した。これはニューイングランドの社交界をバックにした私立学校で、入学条件はきびしく、秀才を教育するというよりは、貴公子たちの交際の場といった性格が強かった。それだけに上流階級の徳性を養うことに重点がおかれ、かれらの特権意識や優越感が自然のうちにはぐくまれることになった。

ローズヴェルトはハイドパークの家庭からいっきょに寄宿舎の集団生活に入ったが、これまでのせまい殻を破って、しだいに社交性の豊かな人間へと成長した。グロトン校では、その保守性を反映して、ラテン語など古典的科目が中心であり、社会科学の分野でも、自由競争や自然調和の理念に支えられた古典派経済学など、まさに時代おくれになろうとしている内容が多くを占め、後に政治家として社会問題に直面したさいに役にたつようなものにはとぼしかった。そしてローズヴェルトは必ずしも優秀な学生ではなく、成績もそれほどよくなかった。

したがって、かれの主要な活動舞台は正規の授業以外のところにあった。グロトン校では、ディスカッションを通して実際的な思考力を養うことが重視され、弁論大会もたびたび開かれたが、ローズヴェルトは弁舌の点ですぐれた才能を示し、かれの巧みな論法と雄弁な演説は学内でかなりの名声を得た。こうした論戦に加わることによって、ローズヴェルトは現実の問題に対する視野を開かれ、それを単に理解するだけでなく、相手を説得する技量を修得していったのである。実際にそこでは、自由銀貨鋳造をめぐる一八九六年の大統領選挙戦、キューバ解放と米西戦争、さらに植民地の領有の是非など、当時の重要な政治問題が議論の対象となった。

この時期にローズヴェルトが示した見解は必ずしも一貫性がなく、矛盾する要素が含まれていたが、いくつかの点で、かれの基本的な考え方をあらわしていた。通貨問題については、農民の苦境をインフレ通貨によって救おうとした自由銀貨鋳造の要求に反対して、保守的な実業界の観点にたって安定した健全通貨を主張したが、独占的企業の支配力には批判の目を向け、農民側に同調する姿勢をとった。また、世紀転換期のアメリカの帝国主義的風潮を反映して、米西戦争にさいしてはスペインに対する強硬な政策を支持し、遠縁の伯父にあたるセオドア＝ローズヴェルトがキューバで義勇騎兵隊の指揮をとって名声をあげると、自ら出征を志願しようとさえした。だがその反面、米西戦争の結果フィリピンの植民地化をめぐって世論の分裂がおきると、帝国主義批判の側にまわって、フィリピンの独立を主張し、さらに南アフリカ

（ブール）戦争が勃発すると、イギリスの植民地域策に反対するブール人の闘争を支持する態度を表明したのであった。

しかし、他のなによりもましてローズヴェルトが傾倒したのは、海軍拡張論であった。かれは大海軍主義を無条件に信奉し、その主張は生涯を通して、かれの思想の根底に横たわったほどであった。当時アメリカで、海軍史家のアルフレッド＝マハンが書いた『海の支配力が歴史におよぼす影響』や『現在と将来におけるアメリカ海軍力の利害』が広く読まれていたが、ローズヴェルトもかれの著書から大きな感銘を受け、世界的強国になるには大海軍力の建設が必要であるとの確信を抱いた。そして、海軍基地の観点からハワイの真珠湾の重要性を論じ、こうした海軍力をバックに、アメリカが国際舞台で指導的な役割を果たすべきであると主張したのである。

一九〇〇年、グロトン校の卒業生の多くと同様に、ローズヴェルトはこれまた上流社会の私立学校であるハーヴァード大学に入学し、しかも、その中でも貴族的なサークルに所属した。ハーヴァードでの四年間も、かれの主な関心は学業以外の面に向けられた。政治学や経済学に興味をもったものの、成績は概して思わしくなかったのに対し、かれの政治家としての才能は諸々《もろもろ》の学内活動を通して、早くもその片鱗《へんりん》が示されたのであった。グロトン校以来の特権意識や優越感に支えられて、かれはつねに学生組織のリーダーになろうと運動した。クラスの終身

グロトン校時代のローズヴェルト（左）。右はいとこ

委員長の選挙にさいしては、非常に不利な状態から種々の政治的工作をしてみごと当選し、歌はうまくないが、自ら合唱隊を組織して幹事となり、また、運動神経や技量がすぐれていたわけではなかったが、フットボールやボート・クラブのキャプテンになったりした。彼にとって学内活動は一種の政治活動であり、統御力のある優秀な指導者として才能を認められることに重点がおかれていたのである。なかでもかれが情熱を注ぎ、政治的手腕を発揮したのは、大学新聞「クリムズン」紙での記者活動であった。かれは絶大な活動力と耐久心とによって、最後には編集長の地位を獲得したが、これにはかれの持ち前の政治的野心が強く働いていたといえよう。実際にかれは新聞の編集者として特別にすぐれた天賦の才能をもっていたわけではなかった。しかし、一般学生の意向をとらえるのには敏感であり、学内の日常生活から問題をとりあげたり、イギリスの植民地政策に反対する論陣をはってブール人救済運動をおこしたりするなど、活発に行動し、それを通して世論の動きをつかみ、また、それを操作する技術を身につけていった。

だが、このような多方面にわたる野心的な活動にもかかわらず、ハーヴァード大学における

ハーヴァード大学時代のローズヴェルト

ローズヴェルトは実質的には社会意識にとぼしく、政治性もうすかったといわざるをえなかった。この時期のかれの政治意識はなによりもましてさまざまな組織の指導者になることにあり、そのために政治的工作の巧妙さを競うといった一種のゲーム的な色彩が濃かった。したがって、当時アメリカ国内にもりあがってきた革新主義の社会改革運動を学内活動に反映させることはもとより、ブール人救済運動にみられた帝国主義批判をアメリカ自身の対外政策の批判に発展させることもなく、上流社会に深く根をおろしたハーヴァードの気風や考え方にも全然疑問を抱かなかった。学内政治家としてのローズヴェルトは、結局のところ貴族的なサークルの温床の中で旺盛な自負心を満足させるといった面が強く、社会問題に対する関心も、特権的な紳士が一般庶民の問題について抱く使命感のような意識をそれほどこえるものではなかったのである。

❖政界にのりだす

一九〇三年、ハーヴァード在学中に、ローズヴェルトは遠いいとこにあたるエレノア＝ローズヴェルトと婚約した。エレノアは一八八四年ニューヨークに生まれ、父が大統領になったセオドア＝ローズヴェルトの弟にあたるやはり由緒ある名門の出だったが、一〇歳でまったくの孤児になり、ローズヴェルトとは対照的に幼少時から不遇な環境に育った。そのためもあって、早くから社会意識に目覚め、イギリスでの留学から帰国した後、社会事業に飛びこんだ。ローズヴェルトとエレノアとは親類だったのでおさななじみだったが、エレノアの帰国後二人の交際は深いものとなり、一九〇五年三月、前年秋の選挙で大統領に再選されたセオドア＝ローズヴェルトの仲立ちではなやかな結婚式をあげた。エレノアはローズヴェルトの母セイラと同様に意志の強い婦人であり、後年夫が政界にでた後、自ら婦人活動家として社会事業に活躍するとともに、ローズヴェルトを支える強い礎《いしずえ》ともなった。

新婚当時のエレノア夫人

ローズヴェルトは一九〇四年ハーヴァードを卒業後、弁護士になることを志し、法律を学ぶためにコロンビア大学に入学していた。弁護士を職業に選んだのは父の要望のせいもあったが、それ以上に当時の社会的慣習からして、かれのように資産と社会的地位がある青年には、それがもっとも楽に選択でき、かつ、自然な職業だったという事情が影響していた。ここでもローズヴェルトは上流階級の貴公子にふさわしい人生の進路を選んだのであった。かれは以前と同じように、法律学の勉強そのものにはあまり没頭せず、卒業にあたり学位をとることもしなかったが、ともかく一九〇七年ニューヨーク州の弁護士試験に合格し、法律事務所で働くことになった。だがかれの法曹界での活動は全体としてあまりぱっとせず、妻と子どもに囲まれた幸せな日常生活を送るきわめて平凡な人物になっているようにみえた。ただ、ローズヴェルトはハイドパークの社交界ではしだいに名を知られるようになり、政治にも時たま関心をもつ地方の名士になりつつあった。

愛妻と愛児とともに（1908年）

　こうした平凡だが血統の良い貴公子の人生に、とつぜん一つの転機が訪れた。それは一九一〇年のニューヨーク州選挙戦であった。一九世紀末以来、北部の民主党の勢力は沈滞しており、党本部は民衆に受けのよい人材をさがしだすのに躍起となっていた。そしてローズヴェルトに白羽の矢がたてられたのである。この選択はローズヴェルト自身のこれまでの活動とはまったく関係がなく、かれにとってまさに幸運なできごとというべきものであった。ローズヴェルトは父ジェームズと同様、自然に民主党に属していたが、ハイドパーク地

セオドア=ローズヴェルト大統領

方で顔が知られていたのにすぎず、ニューヨーク政界ではまだ無名に近かった。しかし、三年前に政界から退いた共和党の元大統領セオドア=ローズヴェルトの人気はいぜんとして強く、かれを通して、ローズヴェルトという名前は政治的に非常に魅力のあるものとなっていた。民主党の幹部連中はそこに目をつけ、「民主党のローズヴェルト」のキャッチフレーズで票を集めることを策したのであった。しかもかれらはローズヴェルトが富裕なので、選挙費用を自分でまかなうだけでなく、党にも資金をだすだろうと算段していた。ローズヴェルトはこの申し出を快諾したが、このようにかれの政界出馬は、少なくとも当初は努力の積み重ねというより、恵まれた血統と資産、それに遠縁のセオドア=ローズヴェルトの名声に負うところがきわめて大きかったのである。

しかし、反対派である共和党の勢力が強い地方で勝利を収めるには、こうした単なる幸運以上のものが必要であった。実際にローズヴェルトはひとたび選挙運動にのりだすや、持ち前の政治的才覚をぞんぶんに発揮した。選挙戦は文字どおり苦戦であったが、大学時代に示した選挙戦に対する闘志と巧妙な戦術で、かれは形勢をしだいに有利な方向に導いた。とくにニューヨーク州で初めて選挙戦に自動車を乗りまわしたり、また、選挙区の住民に直接話しかけたりといった当時としては進取的な態度をとるなど、かれの運動は選挙民の注目を集めるのに十分であった。だが、かれの政治的手腕は、アメリカの多くの地方選挙がそうであったように、この場合も論争点となるような重大な政策の提唱ではなく、票を集める政治技術にかぎられていたといえる。かれがとりあげた問題といえば、リンゴ樽《だる》に標準樽を用いるといった、農民には関心が深いが、政治的にはきわめてささいなことにすぎなかった。しかし、ともかくローズヴェルトは、元大統領の威光に加えて、精力的、かつ斬新な選挙運動により、僅少の差ながら長年にわたる共和党の支配を破って勝利を収め、ニューヨーク州の上院議員となり、アメリカのみならず世界に重大な影響を及ぼす長い政治生活の第一歩をふみだすことになったのである。

帝国主義と革新主義

❖独占資本の成長

ローズヴェルトは一九世紀末期に少年時代を過ごし、二〇世紀初めの一〇年間に成人して、早くも政界に入ることになったが、この時期のアメリカはまさに急激な変貌をとげつつあった。青少年期のローズヴェルトは、いわば世間知らずの貴公子として、そうした社会変化のもつ意味を十分に認識していなかったが、一九世紀末より急速に進んだ独占資本の成長と、それを背景に展開した帝国主義および革新主義の運動こそ、後にローズヴェルトが偉大な政治的手腕をふるうことになる舞台のお膳立てをしたのであった。

ローズヴェルトが生まれたのとちょうど同じ年に、スタンダード石油の独占企業が組織されたことに端的に示されるように、当時のアメリカは南北戦争以後のめざましい産業の発展の中で、早くも独占資本主義が芽ばえようとしていた。西部ではまだ血なまぐさいインディアンとの戦争が続いていたが、それも終わりに近づき、一八九〇年には開拓地の前線を示すフロンティア=ラインの消滅が宣言されるような状態であった。そして、経済の中心は農業から工業に移り、北部の産業資本は奴隷制を解体された南部のみならず、大陸横断鉄道の建設を通して西部をも支配下に収めて、全国的な市場を形成し、技術の進歩に伴い、大企業化がいちじるしい進展をみせた。さらに産業資本の手は政府にまでのび、政治は事実上実業界に左右され、金権政治と呼ばれるような事態がうまれていた。

こうした状況のもとで、鉄鋼業に君臨したアンドルー=カーネギー、鉄道網を支配したコーネリアス=バンダービルトやE=H=ハリマン、石油王国をきずいたジョン=D=ロックフェラー、鉄道や鉄鋼業を背景に最大の金融王にのしあがったジョン=P=モルガンなど、企業活動を通して巨大な富をなす者が輩出したが、これら産業の将帥の出現は、めざましい独占資本の成長を具体的に物語っていた。しかもローズヴェルトとは対照的に、かれらの多くは貧しい家庭に生まれながら努力と才覚によって実業界に頭角をあらわした成功者であり、一面で目的のためには手段を選ばぬといったやり方に批判の目が向けられながらも、当時の立志伝の人物として偶像視され、ビジネス崇拝の風潮をうみだすとともに、アメリカ社会内部の流動性を立証するものとして高く評価されたのであった。

しかしこのような工業の発展、とくに独占資本の成長が、アメリカに深刻な社会問題をひきおこしたのは当然であった。工業の発展を支える労働力はこのころ急激に増加したヨーロッパからの移民によってまかなわれる面が大きかったが、「新移民」と呼ばれる一九世紀末期の移民は西欧や北欧を中心とした従来の移民とは異なり、主に南欧や東欧系で、一般に貧困であったのみならず、アメリカの政治制度にもなじめず、新しい社会に同化することが困難であった。そのため都市にスラム街がうまれ、かれらを政治的に利用するボス政治家をはびこらせ、政治の腐敗さえ招いた。また、劣悪な労働条件や悲惨な幼少年・婦人労働などにより労働争議は絶えず、労使間の対立は激しくなり、頻発する経済不況とともに社会の動揺は一段と深まった。それに加えて、企業合同や合併が進展し、経済力が巨大な独占資本に集中する中で、従来の自由競争にもとづく経済機構は破綻し始め、取引活動が不当におさえられたり、企業にのりだす機会がしだいにせばめられるようにさえなってきた。

一方アメリカの経済力はこの間にめざましい上昇を続け、一八八〇年代には輸出額が輸入額をこえ、九〇年代には世界一の工業生産高を誇るまでになったが、これは逆にフロンティアの消滅とあいまって、過剰生産の脅威をもたらし、とくに九〇年代の深刻な経済恐慌のもとで、飛躍する工業生産力にとり国内市場がもはや十分でないのではないかという不安感がかもしだされた。こうして独占資本の成長に伴い、実業界による政治の支配とその腐敗が顕著になり、独占行為によって自由競争が抑圧されただけでなく、苛酷な労働条件のもとで階級対立が激しくなり、しかも過剰生産の不安に脅かされるようになると、アメリカ社会にはこれまでにない新しい危機感がでてきたのである。

❖帝国主義への移行

アメリカ経済が独占資本主義の段階に入り、以上のような諸種の問題が発生すると、これに対処するために二つの動きがあらわれた。一つは海外進出によって国内の不安から国民の目を外にそらせ、かつ経済的困難をも解決しようとするもので、もう一つは逆に国内の政治改革にとりくみ、政府の手で独占資本の弊害を取りのぞこうとする運動だった。こうして世紀転換期ころより、アメリカには、帝国主義と革新主義の二つの風潮がいわば並行して台頭してきた。

アメリカは大陸国家として発展を続けてきた間、ヨーロッパから労働力のみならず資本の供給も受けていたが、他方伝統的にヨーロッパの紛争にはまきこまれるのをさけようとする孤立主義的政策をとってきた。だが、西半球などの後進的地域に対しては、原料資源を確保するために資本を投下したり、余剰商品のはけ口として海外市場を獲得しようとする姿勢をしだいに強めていた。一八九〇年代は、まさに大陸的規模の発展からこうした新しいフロンティアを求めて海外に積極的にのりだす転換期となり、対外経済進出の必要と結びついて、ローズヴェルトが傾倒したマハンの大海軍主義の思想や熱烈な宣教師の活動までがあらわれたのである。

この海外への膨張の動きは、二つの方向をとり、一つはハワイ併合運動にみられたように太平洋を越えて西へ、もう一つは汎米主義の活動に示されたようにラテンアメリカに向かっていた。一八九八年に勃発した米西戦争は、これら双方の対外進出をいっきょに実現する機会をもたらした。アメリカは初めはスペインの植民地政策に反対し、キューバの解放を唱えて宣戦布告したのであったが、フィリピンを攻略し、ハワイの併合を実現したのみならず、スペインに代わって自らキューバを支配下に収め、戦争の結果、カリブ海から東アジアにかけて植民地を領有する帝国として国際舞台に登場したのである。さらに二〇世紀に入ると、ラテンアメリカおよびアジア双方への進出を結びつける戦略上重要な地点であるパナマ運河地帯を強引な手段で手に入れた。そしてアジアに対しては、一八九九年の門戸開放宣言で、帝国主義列強の中にわけいって中国市場への進出を図る一方、ラテンアメリカについては、アメリカが西半球の国際警察力として中南米諸国の問題に干渉する権利があると主張し、ヨーロッパの勢力を排除しながら独占的な支配をきずきあげようと企てた。

こうしたアメリカの海外膨張策は、ローズヴェルトを含む国際主義者の対外政策にも影響を及ぼすいくつかの理念を含んでいた。まず、アメリカは古い専制政治や社会秩序から解放されたもっとも自由で民主的な社会をきずきあげたという信念にもとづいて、アメリカの勢力圏の拡大はこのすばらしい世界の膨張を意味しており、アメリカ人は自ら進んで後進地域の人々を指導し、文明を伝播させる使命をになっているという考えが横たわっていた。これは当時広まっていた「白人の責務《ホワイトマンズ・バードン》」の思想とも結びついて、アメリカ人の中に根強い「宣教師意識」をうえつけたのであった。また、アメリカは、植民地分割競争におくれて登場したこともあって、米西戦争の発端にもみられたように、対外進出にあたり「反植民地主義」をかかげ、ヨーロッパ諸国の苛酷な支配から植民地を解放するという主張のもとに、それらを自己の支配下におこうとした。さらに門戸開放宣言に示唆されたように、アメリカは国際政治の舞台に公正な自由競争の理念を導入し、勢力圏の分割を図る権力政治に批判を加えて、その対外政策に道義的色彩をもたせようとしたのである。

このような理想主義的な理念にもかかわらず、現実の政策はアメリカを植民地帝国にしたてあげ、他の帝国主義列強と競争しながらナショナル＝インタレストを追求するために種々の手段を講じさせた。とくにセオドア＝ローズヴェルトにつづくタフト政権のもとでは、「ドル外交」の名のもとで、アメリカの経済支配をうちたてるために、カリブ海地域を中心に内政干渉や武力介入まで含む侵略的政策がとられた。しかしながら、アメリカの勢力圏を確立するそうした帝国主義政策が理想主義的理念でいろどられていたことは、アメリカが世界の指導的な大国として国際秩序の建設に重要な役割を果たすようになったさい、無視できない影響を及ぼすことになったのである。

❖革新主義運動の展開

一方独占資本の支配力の強化に伴い、その弊害を是正する施策の必要が高まり、ここに国内改革を行なおうとする運動がでてきた。この改革運動は初め巨額の負債をかかえてデフレに悩み、鉄道会社を中心とする大企業の不当な搾取に苦しむ農民の間で発生し、しだいに勢力を増して、一八九〇年代には人民（ポピュリスト）党が結成されるまでに成長した。この間に政府の鉄道規制立法やシャーマン反トラスト法の成立をみたが、人民党は一歩進んで、農民の苦境を救うためにインフレ政策を主張するとともに、独占資本の支配をくずすには、政治を人民の手にとりもどす民主化が必要であるとして、政治改革のプログラムもかかげた。しかし、人民党はしだいに農民のせまい利害関係だけに結びついた要求にうもれるようになり、改革的性格はうすれていった。そして一八九六年の選挙戦で、ローズヴェルト自身グロトン校の討論でとりあげたように、インフレ通貨の発行をめぐって大論争が展開されたが、結局敗れさり、この農民運動は衰退にむかった。

それと並行して、都市部では中産階級を中心に、政治の浄化を図り、貧困者の救済のために社会事業を行なおうとする動きがあらわれた。この運動は地方政治の改革に成果をあげたが、やがて独占資本の不正な行為を暴露し、強力な連邦政府による独占取り締まり政策を要求するまでに発展した。この新しい改革の気運はひろく革新主義運動と呼ばれるようになり、セオドア＝ローズヴェルトはその指導者のひとりとみなされ、実際に二〇世紀初め、かれの政権のもとで、トラスト攻撃、鉄道規制、政府による労使関係の調停、自然資源の保護など、種々の革新的政策が着手された。

革新主義はこのように公共の利益を代表する政府の手で、独占資本主義のもとで生ずる問題を解決し、社会の民主化を促進しようとするものであったが、当時西欧諸国などにみられた組織労働を基盤とする改革運動とは異なる性格をもっていた。つまり労働者階級というよりは、資本と労働の組織化の進展と階級対立の激化に危機感を抱いた中産階級がこの改革運動の主要な担《にな》い手となり、したがって独占資本の支配力に対してのみならず、労働組合勢力の増大にも批判的立場がとられたのである。そして革新主義は社会意識や責任に目覚めた良識ある市民がその倫理感にもとづいて社会の改良にとりくむといった道義的色彩を強く帯びていた。運動の目標も社会主義社会の建設とは反対に、政府の経済規制や福祉事業などをとおして、アメリカ自由主義の伝統的な価値を保持することにおかれ、その意味で保守的な体質をもち、また、改革が社会的優越意識をもつ中産階級の使命感に根ざしていたため、パターナリスティックな要素が入っていた。ここに、生まれながらに「貴族的」な面をもつローズヴェルトが革新主義に共感を覚え、参加するようになる素地があったといえよう。実際にこの運動の指導者はセオドア＝ローズヴェルトをはじめ、従来の政治指導者とはあまり変わらないエリート層によって占められ、革命勢力の下からのつきあげによる社会変革というよりは、政府による上からの改良というコースをとったのである。

こうして革新主義は労働組合の力を社会的基盤とせず、確固とした変革のイデオロギーの裏づけをも欠いていたため、大資本と対決するのに十分な力をもたず、政府の経済規制もむしろ大企業と政府との結びつきを深め、両者の協力によって問題の解決を図る国家独占資本主義の形成に道を開くものであった。しかし、このような制約があったにせよ、革新主義はアメリカ国民が社会批判に目を開き、改革の伝統をつくりあげるうえに、重要な役割を演じたのである。

幸運より苦難の道へ

❖ウィルソンとの接触

革新主義の風潮の中でニューヨーク州の上院議員になったローズヴェルトは、抱負と期待にみちて政治生活の第一歩をふみだした。かれは上流階級出身の貴公子らしく、一年生議員にもかかわらず自信にあふれた態度をとり、周囲の者には他人を見下しているような印象さえ与えた。だがそれだけに、従来の政治の慣習にとらわれず、思いきって行動する理想主義的な面があった。そして実際にローズヴェルトの名を最初に高めたのは、一九世紀以来民主党機関の本部として党活動を牛耳《ぎゅうじ》ってきたニューヨークのタマニーホールにこもるボス政治家連中に対し、かれが敢然と挑戦したことだった。当時ニューヨーク州では連邦上院議員が州議会で選出されていたが、おりから欠員ができ、党のボスはタマニーホールの実力者シーハンを選出させようと策謀した。それに対してローズヴェルトは反対運動をおこし、頑強に抵抗した結果、結局その計画を挫折させた。これは政治の浄化をめざす革新主義運動の一環をなすものとみなされ、上院議員を国民の直接選挙で選出させる改革の動きを促進するうえに一役かったのであった。

だがこのシーハン事件を除けば、ローズヴェルトにはとくに注目すべき活動はみられなかった。もとよりこの時期に、かれは社会問題や経済界の動きなどについての理解を深めた。しかし、主要な関心は自然資源の保護策などに向けられ、改革政策の核心をなす経済規制の問題からは離れていた。むしろ後の政治活動からみて重要であったのは、このころアルフレッド＝スミス、ロバート＝ワグナー、フランシス＝パーキンス、ルイス＝ハウ等、都市の下層社会の問題に深い関心をもち、自ら社会事業に従事するなどして、積極的な社会政策をうちだそうとしている活動家と親密な交際をもったことであった。かれらとの交わりを通して、貴族的な環境に育ったローズヴェルトは、別世界ともいうべき庶民の社会の問題に触れることになり、実際にかれらの多くは後にニューディールの社会政策の実施にあたり、ローズヴェルトの良き協力者となったのである。

一九一二年、ローズヴェルトはふたたび州上院議員選挙戦にのりだし、今回は絶対多数で輝かしい勝利を収めたが、この年の選挙は革新主義運動の歴史からみても、きわめて重要な意味をもった。大統領選挙戦に共和党候補のタフトに加え、新たに革新党を結成したセオドア＝ローズヴェルトと民主党のウッドロー＝ウィルソンがたったが、ローズヴェルトは「ニューナショナリズム」、ウィルソンは「ニューフリーダム」と呼ばれる政策綱領をうちだし、革新主義の理念をこれまでになく明確に示したのである。前者は大企業の発展を必然と認め、連邦政府をそれ以上に強力にして、公共の利益の立場から独占資本を規制させ、さらに大胆な社会政策を実行にうつそうと構想したもので、それに対し後者では、同様の趣旨をもちながら少々ニュアンスが異なり、巨大な産業組織が成長する社会では個人や企業の自由が抑圧されがちなので、自由と公正な競争を維持するために連邦政府による積極的な施策と規制が必要であると主張されていた。これらはアメリカの社会改革運動の基本的な考え方を示すものとして注目された。

海軍次官補の執務につくローズヴェルト（1919年）

ローズヴェルトは以前からセオドア＝ローズヴェルトに親近感をもっていたが、民主党員なので当然のことながらウィルソンを支持した。ウィルソンはローズヴェルトと同じく一九一〇年に、ニュージャージー州知事選挙で政界入りしたばかりであったが、改革派知事の名声を獲得し、一躍有力な政治指導者となった。ローズヴェルトはそれまでウィルソンとはまったく面識がなかった。しかし大統領選挙戦の前に会って感銘を受け、民主党大会でウィルソンを大統領候補に指名するために積極的に活動したのであった。しかもそこで、ウィリアム=マカドゥー、ジョセフス=ダニエルズ、コーデル=ハルなどウィルソン派の人々と知り合い、これがまたかれに幸運をもたらすことになった。

大統領選挙戦は共和党と革新党との共食いにより、結局ウィルソンが当選したが、ローズヴェルトはかれを支持した功績もあって、海軍長官になったダニエルズにより海軍次官補に推挙された。ウィルソンも穏和な平和主義者であるダニエルズに加えて、大海軍主義を信奉するローズヴェルトを海軍省の要職に起用したほうが有利なことを認め、この人選を採択した。その結果ローズヴェルトは政界入り二年にして、早くもニューヨークから中央の政府機関に飛びこむことになったのである。

❖大海軍主義の信奉者

ウィルソン政府の最初の二年間は、「ニューフリーダム」の線にそって、独占資本に有利とみなされていた関税の改正、政府の管理機関を創設した銀行制度の改革、企業活動を指導し、公正競争を維持する役割をもつ連邦取引委員会の設立、独占的行為を具体的に列挙して禁止したクレイトン反トラスト法の制定など、一連の改革政策が実行にうつされた。これらは革新主義運動のピークをなすものとみなされ、政府の経済的機能はいちじるしく拡大された。

しかしローズヴェルトは、海軍次官補の職についていたこともあって、こうした改革政策にはほとんど関与しなかった。かれの胸はむしろ幼少年のころより憧れていた大海軍の建設を実現することでいっぱいであり、実際に自ら船の操縦法を習得したばかりか、一万冊に近い海軍関係の書物やパンフレットを収集し、それらを読破していった。

一九一四年六月末のサライェヴォ事件に端を発して、翌七月に第一次世界大戦が勃発するや、ローズヴェルトが敏腕をふるう絶好の機会が訪れた。アメリカは初め、従来の孤立主義の伝統にそって中立を宣言し、ヨーロッパの紛争に不介入の態度をとった。だが、当初から英仏側に共感を抱き、とくに大西洋の制海権をイギリス海軍が握っていたため英仏側にだけ軍需品を供給する事態が生じ、実質的には中立の線から大きく離れていった。しかも、これら諸国に軍需品を購入する資金が枯渇すると、アメリカは信用貸付までして経済的結びつきを深めていった。したがって、ドイツの無制限潜水艦作戦をきっかけに、アメリカが一九一七年四月ドイツに対し宣戦布告したのは、いわば当然のなりゆきだった。

ローズヴェルトもウィルソン政府の人々や国民の多くと同様に、連合国、とくにイギリスに好意をもち、早くから大戦が長期化し、アメリカも参戦を余儀なくされるようになるだろうという見通しをたてていた。こうした見通しのうえにたって、かれは参戦前から海軍の機構の整備にとりかかるとともに、海軍拡充計画を推進し、ドイツのUボートに対抗できる快速駆潜艇の建造や北海に二四〇マイルにわたって機雷網を敷設する計画にも参加していた。そして参戦を機会に海軍力の増強に力をいれ、終戦までにアメリカ海軍を長年世界一を誇ってきたイギリス海軍と並ぶような強大なものにするのに専心したのであった。

また行政面でも、ローズヴェルトはすぐれた能力を示した。海軍工廠《こうしょう》関係の労働条件について、賃金決定権を自己の権限のもとにおき、融通性のある賃金基準を設定して、任期中に一度も工廠で労働争議をおこすことなく事態を管理した。また参戦期間中、海軍関係の仕事は莫大なものとなったが、かれは予算折衝でかけひきの技術を習得し、前例にあまりこだわらずに実際的に問題を処理して実績をあげ、とくに海軍用資材の獲得には敏腕を発揮した。こうして軍部と密接な協力関係をつくりあげ、将校連中とも海軍長官以上に深い交わりをもったほどであった。行政官としてのこのような有能ぶりは、ウィルソン政府内はもとより民主党の間でも広く認められるにいたり、かれは全国的な政治家として頭角をあらわす地歩をきずいた。そして一九二〇年の大統領選挙戦にさいし、ローズヴェルトは海軍次官補から副大統領候補に抜てきされ、政界入りよりわずか一〇年にして、アメリカ政治の檜《ひのき》舞台に登場することになったのである。

❖初めての挫折

ウィルソンは参戦当初から戦争目的を民主主義の擁護におき、一九一八年一月には終戦の条件と戦後の平和構想を示した有名な「十四か条」を発表し、なかでも国際協力機構となる国際連盟の設立に最大の期待をかけていた。パリ講和会議でも、英仏両国の強硬な対独要求に譲歩しながら、いわばそれと引きかえに国際連盟設立への同意をとりつける態度をとった。ウィルソンの構想はアメリカにとって文字どおりこれまでの孤立主義的伝統からの全面的な離脱を意味し、さらに勢力圏の分割や権力政治が国際政治を左右しているかぎり紛争は絶えないとの認識にたって、それを克服するまったく新しい国際秩序を建設しようとする理想主義的な性格をもっていた。だがそれと同時に、自由主義理念にもとづくこの平和構想は、大戦を通して債務国より債権国になったばかりか、世界一の巨大な経済力をもつ指導的な大国となり、今や世界的規模で海外進出にのりだそうとしているアメリカの国情にそった現実的な側面も有していたといえよう。

しかし、ウィルソンの国際連盟案はアメリカ国内で大きな障害に直面した。これには議会で多数派を占める共和党を無視したかれの政治的失策や、その指導者ヘンリー=C=ロッジとウィルソンとの個人的反目も影響していたが、事態を困難にした最大の原因は、国際機構に加わる

笑顔でこたえる副大統領候補ローズヴェルト

ことによって行動の自由を奪われるのを恐れたロッジ派の連盟修正案を、ウィルソンが頑強に拒否したことにあった。その結果、国際連盟加入の是非をめぐる問題は一九二〇年の選挙戦にもちこまれることになった。

ローズヴェルトは大海軍主義を奉じたことからも明らかなように、強大な軍事力が国際政治にもつ重要性を認識し、権力政治的発想に深くはまりこんでいたが、他方ウィルソンと同じく理想主義的な面ももち、特にかれの国際協力の思想には共感を覚えていた。そして軍事力を十分に備えたアメリカが孤立主義を排し、国際舞台で指導的な役割を演じるべきだと考え、国際連盟を支持する態度をとった。しかし、アメリカの世論は戦後の混乱期にあって動揺していた。国際平和機構の樹立に反対というわけではなかったが、第一次世界大戦の結果に対する幻滅やロシア革命に端を発した共産主義活動への恐怖もあって、しだいに保守的傾向を強め、国際社会の組織化の大きな実験に消極的になっていった。

こうした状況を反映して、一九二〇年の民主党大会は大統領候補の人選に苦しんだが、結局ウィルソンの政策に直接関係をもたないJ=M=コックスを指名する一方、国際連盟支持者の票も確保するために、ウィルソン政府の一員であり、熱烈な国際主義者として知られたローズヴェルトを副大統領候補に選んだのであった。これは不安定な世論に対処するための苦肉の策といえたが、コックスが国際連盟を選挙戦の争点にすることにふみきったため、民主党はローズヴェルトが信奉する国際主義の立場を明確にうちだすことになった。その結果、選挙運動では大統領候補自身よりも、ローズヴェルトのほうが立役者となった。かれは精力的に遊説旅行を行ない、約千回もの演説で雄弁をふるった。とくに最大の争点である国際連盟については、「連盟は戦争をなくすことはできないかもしれないが、諸国民はともかく実験を求めているのだ」と論じ、アメリカ国民が孤立主義の殻にこもることなく、進取的な態度で国際問題にとりくむよう説得に努めたのである。

これに対し共和党は決して国際連盟に正面から反対していたわけではなかったが、国民を長年の緊張状態から解放して平穏な生活にもどすことをうたった「平常への復帰」のスローガンのもとに、民主党との相違を強調し、この戦術が効を奏して、ローズヴェルトの奮闘も空しく、民主党は敗北を喫したのである。そして世論が国際機構にますます無関心になるとともに、共和党政権も、一方で積極的にアメリカ資本の海外進出を推進し、アジアの国際問題の処理に指導的な役割を果たしながらも、結局国際連盟への加入をとりやめたのであった。

小児麻痺から立ち直るローズヴェルト（中央）

❖小児麻痺《まひ》との闘い

一九二〇年の選挙戦に敗れたローズヴェルトは、あまりに恵まれすぎていたといえる政治生活で初めて挫折を体験した。かれは公職から身をひき、ふたたび弁護士として法律事務所で働きながら、妻と子どもに囲まれて家庭生活を楽しむ一介の市民にもどった。緊張のたえることのない政治活動から解放されて、いわば「平常に復帰」したのであった。

しかし、まもなく思いがけない不幸がローズヴェルトを襲い、かれは平穏な生活を送るどころか、いっきょに苦悩のどん底に落とされたのだった。一九二一年の夏、ローズヴェルトは家族をつれて、メイン州のカンポベロー島にある別荘で避暑を楽しんでいたが、水泳をしたあと、とつぜん激しい寒気に襲われ、下半身の筋肉を動かすことができなくなった。思いがけぬ小児《しょうに》麻痺《まひ》の病にかかったのである。

こうしてかれは長い絶望的ともいえる闘病生活に入った。それは精神的にも肉体的にも苦痛の連続であり、ローズヴェルトはなによりもまして自分自身と闘わなければならなかった。このような逆境にあってもなお、かれが公私の生活をあきらめず、再起を期したのは、勇気と決断力の証拠であると同時に、野心の強さをも示していた。かれは良い医師にも恵まれたが、強靭な意思をもつエレノア夫人の献身的な看病によって危機をのりきり、精神的な再起はもとより、肉体的にも歩行ができるように、連日運動の練習が続けられた。そしてともかく副木《そえぎ》をつけて立ち上がれるようになり、一九二四年には温泉のあるジョージア州ウォームスプリングスで療養生活に入り、温泉の効能のおかげもあって、めざましい回復ぶりを示したのであった。

この小児麻痺との闘いはローズヴェルトにとって文字どおり悲劇であったが、それだけに長期的にみると、かれの政治生活にとり大きなプラスになったともいえる。かれはこれまで名門の家に生まれ、グロトン＝ハーヴァードの特権的コースをたどり、政界に入ってからも幸運に恵まれた、苦労を知らぬ貴公子であった。それが今やいかなる人にもひけをとらない逆境を体験し、それに耐える強靭さを身につけ、精神的にも大きな成長をとげた。かれと親しかったパーキンス女史も、病気前のローズヴェルトは陽気で、ちょっと高慢な若者であったが、傲慢なところがなくなり、民衆の困っている問題にもよく耳を傾ける温かい人間になったと認め、ハリー＝ホプキンスは、病気を克服したローズヴェルトはむしろ自信過剰という欠点をもつようにさえなったと指摘したほどであった。

もとより病気によるかれの精神的変容を過大評価すべきではないし、闘病生活をとおしてかれが大統領になる資質を備えるにいたったなどとみるのはまちがいだろう。ローズヴェルトはこの苦難の体験をとおして、非正統派の政治的見解を抱いたり、非特権階層と結びつく確固とした社会観を身につけ、一つの新しい哲学ないしイデオロギーへと脱皮したわけではなかった。かれのものの考え方はいぜんとして実験的、実際的であり、「高貴なる者の使命《ノブレス・オブリージュ》」感に支えられて行動するタイプであることにはかわりはなかった。だがかれの経歴には、上流階級出身の逆境を知らぬエリートとも、貧困から富豪にのしあがった立志成功伝的人物とも異なる、名門の血と英雄的な闘いとが混じりあった、民衆に強くアピールする要素が加わったのである。

❖ビジネス中心の時代

病床にあった時も、ローズヴェルトは政界から完全に遮断されていたわけではなかった。州上院議員時代以来の友人とは接触を保っていたし、とくにハウは外界との連絡係の役を果たしていた。そして早くも一九二四年、民主党全国大会で活躍し、注目を集めることになった。アルフレッド＝スミスはアイルランド移民の出で、都会育ちであり、下層階級を基盤とする大衆政治家的な性格を備え、ローズヴェルトとは対照的な背景をもつ政治家であった。だが同じニューヨーク州の出身者として、かれら二人は以前から交友関係があり、この年の大統領選挙戦にローズヴェルトはスミスを支援して出馬させ、自ら選挙事務長として大会にのりこんだ。

選挙事務長として活躍するローズヴェルト。右はデービス（1924年）

そして、スミスの大統領候補指名は結局失敗に終わったが、ローズヴェルトが行なった推薦演説は「幸福の騎士」演説として名声を博し、かれが未だに健在であることを世間に示したのである。

だが政治的空白ともいうべきこの時期に、ローズヴェルト自身社会の保守的なムードにそまり、改革的政治家といった面影はうすれていった。二〇年代はアメリカ資本主義の黄金時代であり、農業など一部の経済部門を除いて、前代未聞の繁栄を謳歌していた。実業界は革新主義のもとでしかれた政府との協力体制をとおして、企業活動の合理化を進め、労働運動も沈滞し、経済全体にわたり資本家のヘゲモニーが確立された。アメリカ資本の対外進出も、ラテンアメリカや中近東はもとより、ヨーロッパなど先進地域でもめざましい進展をみせ、世界的な規模でアメリカ資本の支配網がうちたてられた。こうした財界の自信にみちた動きを反映して、アメリカ国内ではビジネス中心の考え方が深く浸透し、普通の市民も株式に投資したり、ビジネスに手をだす風潮が強まった。そして二〇年代後半には、景気の上昇に刺激されて、一獲千金を夢みる投機熱が社会をつつむまでになった。

ローズヴェルトもその例外ではなかった。かれは合同自動販売機会社などいくつもの事業に関係し、しかもそれらはただ一つの例外を除き全部失敗に終わったほど、投機的な性格の強いものであった。また、建築業界の同業者組織であるアメリカ土建会議の会長になったが、そこでローズヴェルトは、当時実業界の指導者として自他ともに認じ、実際にその考え方を風靡《ふうび》していた商務長官ハーバート＝フーヴァーの「産業の自治」の経済哲学をそのまま受け入れ、財界に対する政府の干渉は望ましいことではなく、産業は自らの規制によって問題の解決を図るべきであるといった保守的な見解を表明したのであった。こうして確固とした政治的イデオロギーを欠くローズヴェルトは、時流にしたがって国民一般とともにビジネスの中に埋没し、繁栄の安堵《あんど》感にひたっていた。プラグマティックな性格のかれを改革者として登場させるには、経済機構を根底から破綻《はたん》させ、社会全体を混乱におとしいれるような危機の発生が必要であったのである。

よみがえった指導者

❖政界への復帰

一九二八年、アメリカの政界は永遠に続くかと思われた好況の中で、大統領選挙を迎えた。民主党では、ニューヨーク州知事をしているスミスがふたたび出馬の決意を固めたが、そのさいローズヴェルトに後をついで州知事に立候補するように要請した。スミスはアイルランド系のカトリック教徒であり、当時大きな争点となっていた禁酒法の撤廃をめぐる論争にもまきこまれていたので、自己とは対照的な社会的背景をもち、ウィルソン派にも人気のあるローズヴェルトと手をくむことを望んだのである。ローズヴェルトは政界復帰をまだ時期尚早とみて、この申し出を辞退したが、スミスは強引にかれを引き出す策をとり、同意をえないままに党大会でローズヴェルトを州知事候補に指名してしまった。

こうしてローズヴェルトはいわば自分の意思に反して政界にもどることになった。だが皮肉なことに、スミスに強要されたこの出馬こそが、世界的な指導者になる道の門出《かどで》となったのである。かれの側近は、今回の選挙では経済的繁栄という有利な条件にたつ共和党のフーヴァーの勝利がほぼ確実であり、それが八年間続くであろうから、ローズヴェルトが大統領になれる機運が生まれるにしても三〇年代のなかばすぎと予測し、したがって一九三二年までは知事選挙に立候補しないほうが得策だろうと考えていた。ところが歴史の歯車はこの予想よりも四年間早くまわり、あたかもローズヴェルトが偉大な政治家になるよう運命づけられていたかのように、かれの二八年選挙戦への出馬をもっとも時宜《じぎ》をえたものにしたのである。

ひとたび選挙戦にのりだすや、ローズヴェルトは持ち前の粘り強い闘争心を発揮し、不自由な身体をおして、全精力を選挙運動に注ぎこんだ。この努力が実を結び、スミスが一般の予想どおりフーヴァーに大敗したのに対し、ローズヴェルト自身は接戦のあげくみごとに勝利を手にした。そしてかれが州知事に就任してから八か月もたたぬうちに、アメリカ社会をゆるがす大恐慌が勃発したのであった。

❖大恐慌の危機

州知事になったローズヴェルトはスミスが手がけていた社会改革の政策をひきつぎ、予算面でも議会の反対をおさえて実権を自分のもとに集め、早くも強力な指導体制をきずきあげた。

ニューヨーク州知事に就任したローズヴェルト、左はモーレイ

そして経済好況が続く中で、政界復帰の第一歩は順調なすべりだしをみせた。しかしこのときアメリカ経済はだれもが予期しない間に、しだいに奈落《ならく》のふちに近づいていた。

一九二九年一〇月二四日、ニューヨーク株式取引所は突如として株価の大暴落を記録した。しばらく前から投機熱のあおりをうけて、株価は異常な値上がりをみせ、この高値がいつまで続くか一沫《いちまつ》の不安がもたれていたが、現実の株式暴落はきわめて急激で、その波紋は直ちにひろがった。フーヴァー政府や財界指導者は景気がまもなく回復するだろうと、再三にわたって楽観的な見解を表明したが、それとは反対に不況は悪化の一途をたどり、さらにアメリカ資本に大きく依存していたヨーロッパ経済にまで波及して、世界恐慌の様相を帯びてきた。そして不況が長期化し、企業が生産活動の縮小にとりかかると、失業者数は急速にふえ、賃金の引き下げも始まった。生活に困窮した民衆は銀行預金の取りつけにつめかけ、社会不安がアメリカ全土をおおい、こうした状況に直面して、フーヴァー政府もついに失業救済活動の必要を認め、本格的な恐慌対策にのりだした。

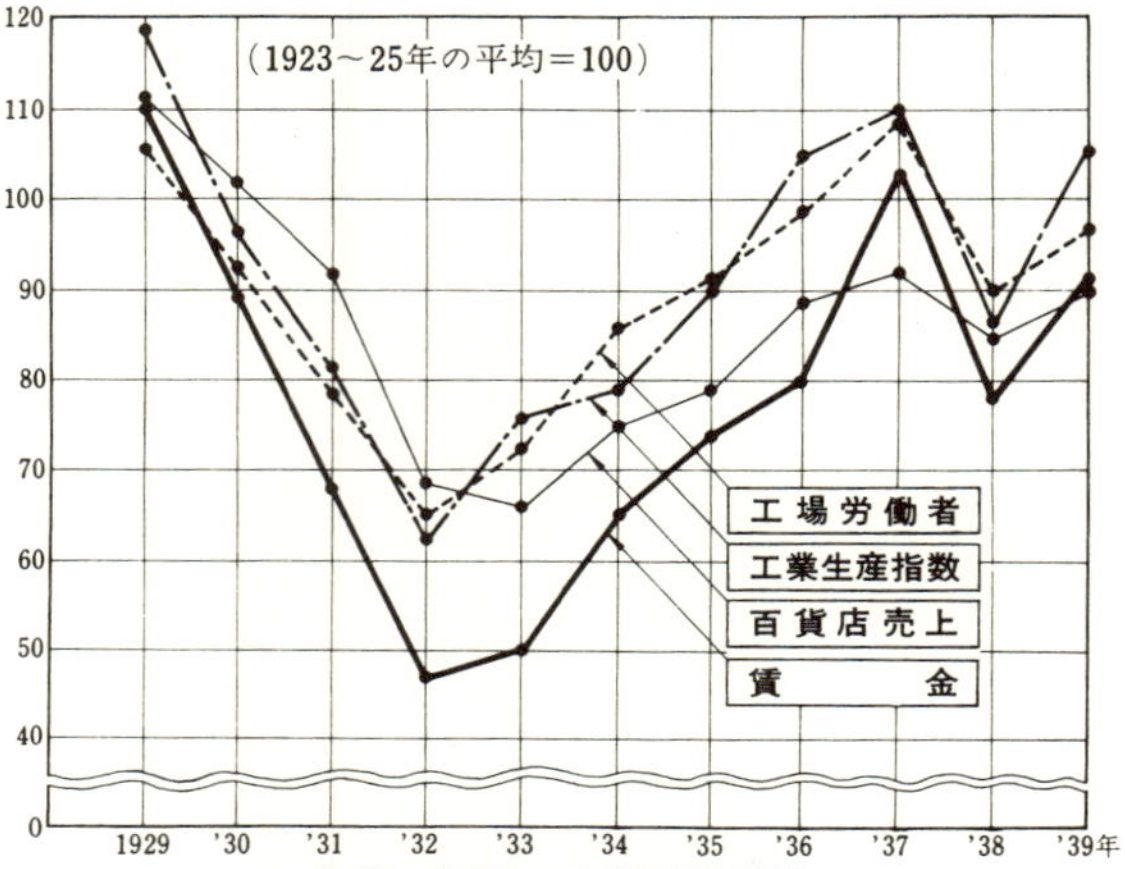

生産・雇用・商業活動指数

これに対しニューヨーク州では、ローズヴェルトの指導のもとに敏速に恐慌対策が検討され、後に小型ニューディールと呼ばれたような種々の画期的な社会政策がうちだされた。フーヴァーと異なり、強固な経済哲学をもたず、理論的な拘束をうけぬローズヴェルトは、それだけに現実の必要に応じてすみやかに行動をおこせたといえる。かれの統率のもとに、ニューヨーク州は全国で初めて失業救済基金を設定し、養老年金制度も創設された。また、水力資源の使用や自然資源の保護にも新機軸がだされ、赤字財政を気にかけずに、失業救済を目的とする大胆な公共事業計画が着手された。世論操作の面でも、ローズヴェルトはラジオ放送を通じて州民に直接語りかけたり、州内を巡回して不況の状態を自ら視察するなど、意欲的なところをみせ、新聞記者との会見を効果的に活用する技術も習得した。

こうしたニューヨークにおける改革政策の「実験場」において、ローズヴェルトは後にニューディールの本番で立役者

大暴落に混乱する株式市場

となる多くの人材を得た。旧知の間柄のパーキンス女史は労働局に起用され、ホプキンスは緊急救済機関で敏腕をふるい、ヘンリー＝モーゲンソー二世やサミュエル＝ローゼンマンも良き協力者となった。ローズヴェルトの政治的成功の一因は、以前から人づきあいのよい広い社交性にあったが、州政治でこの対人関係をいっそう有効に生かし、人材を効果的に組織して、かれらの結集した能力を政策遂行の原動力としたのであった。そして州知事の中では新顔であるにもかかわらず、自らイニシアチブをとって、失業とその救済問題を協議するために東部産業諸州の知事会議を招集するなど、社会政策の先頭にたつ革新的知事としての地歩をきずきあげたのである。

一九三〇年にふたたび州知事選挙に立候補したローズヴェルトは、当然のことながら対立候補を問題とせずに再選された。この勝利はローズヴェルトが示した圧倒的な人気で全国的に注目を浴びたが、それ以上に、かれが初めて民

ニューヨーク州知事に再選され、よろこびの妻子とともに（1930年）

主党の力によるよりも自分自身のすぐれた政治的実績で獲得した点に、大きな意味があった。かれは今や強固な基盤をもつ有力な政治家としてうかびあがり、一躍民主党の次期大統領候補の一人と目されるまでになったのである。そして実際に州知事の第二期には、改革事業がすでに軌道にのっていたこともあって、かれの主要な関心は次の大統領選挙戦の準備にむけられるようになった。

❖新しい社会改革の気運

ローズヴェルトがニューヨーク州での成功をもとに、ふたたび中央政界への道を歩み始めようとしていたころ、経済危機の圧力に促されて、アメリカ経済の各分野にわたり、新しい改革を求める動きがおこりつつあった。

まず産業界では、長年の間フーヴァーの指導のもとにビジネスの合理化を促進する組織活動が進められてきたが、これはあくまで「産業の自治」の原則にそうように各企業の自主性に委ねられていたため、大恐慌により経営条件が悪化すると、もとより破綻せざるをえなかった。さらに生産と消費との不均衡が歴然としてきたため、なんらかの経済計画を実行にうつす必要が認められるようになり、その結果、ゼネラル電機会社社長ジェラルド＝スウォープら財界指導者や合衆国商工会議所など実業界の団体を中心に、ビジネスの組織活動の法制化と計画経済の構想とを結びつけた経済再建案の作成が進められたのである。そこでは「組織された資本主義」の実現が目標におかれ、反トラスト法の停止とカルテル的産業組織へのすべての企業の強制的加入、およびこれら諸組織の代表から成る全国的な経済計画機関の設立などが提案されていた。これは一言でいえば、資本主義体制の基盤を維持しながら、国家権力の介入によって経済統制機構を樹立し、危機をのりきろうとするものであった。

一方、組織労働側も労働不安が高まる中で、従来のように経営者の福祉政策に依存して労働条件の改善を図ろうとする消極的な方針から脱皮し、組合勢力の強化に本格的にとりくむ姿勢を示した。とくに大恐慌の最大の原因は所得分配の不均衡から生じた購買力の不足にあるとみて、労働者の購買力の増強、つまり賃金引き上げと雇用の増加の必要を訴え、それにはまず、労働組合の力を拡充しなければならないと主張したのであった。こうした見地から、組織労働

ちまたにあふれる失業者の群（1930年）

側もアメリカ労働総同盟（ＡＦＬ）を中心に具体的な制度改革案を示したが、その骨子は連邦政策による積極的な労働組合保護政策の要求にあった。アメリカの組織労働は伝統的に労使協調主義にたち、資本主義制度の基本的な変革をめざしはしなかったが、労働運動の高揚をとおして、産業社会の民主化と購買力の増強を実現し、経済危機の克服を図ろうとしたのである。

農業政策の面でも画期的な提案が行なわれた。アメリカ農業は第一次世界大戦以後深刻な不況に陥り、二〇年代の繁栄の最中にも、農村の状態は悪化の一途をたどった。共和党政権は政府資金を注入し、農民の金融的苦境の緩和を図る一方、農民の組織活動を育成して、農産物市場を安定させようとした。しかし、農業不況の根本の原因は過剰生産にあったため、これらの政策は所期の成果をあげることができず、とくに大恐慌が勃発してからは、このような市場活動や金融面の対策だけでは問題が解決しないことは明白となった。その結果、主要な農業団体により、政府の手をとおして農産物の作付制限を実施し、生産を統制しようという計

倒産した銀行に押しよせる群衆（1930年）

画があみだされたのであった。今や農業面でも、抜本的な救済策が必要とされていることは明らかであった。

これ以外にも、大恐慌の直接の原因となった投機的な証券発行や取引行為、ピラミッド型の複雑で巨大な機構をきずき、不健全な体質をもつにいたった公益事業持株会社、さらには預金の取りつけで倒産が続出し、資本基盤の弱体さを暴露した銀行制度など、経済制度のもろもろの欠陥が指摘され、その改革をめざす大規模な調査活動も開始された。

だが財界指導者や組織労働などからだされた諸改革案は、フーヴァー政府のもとでは実現の見通しがほとんどなかった。もとよりフーヴァーは恐慌に対して無策ではなく、経済機構がくずれていく中で、失業者の救済事業を未曽有《みぞう》の規模に拡大し、とくに一九三二年一月には、巨額の政府資金で復興金融公社（ＲＦＣ）を設立し、銀行と鉄道を中心に、大がかりな国家資本の活用をとおし

選挙戦で遊説中のローズヴェルト（1932年）

て民間経済の立直しを図ろうとする文字どおり画期的な政策に着手したのであった。しかしフーヴァーは、経済の再建はあくまで民間企業家の自主性にもとづいて行なわれるべきであり、政府の全面的な経済統制は全体主義に道を開く危険性があるので回避しなければならないという固い信念を抱いていた。そのため政府の経済的機能の拡大にもおのずから限界が生じ、必要に応じてプラグマティックに政策を立案する柔軟性を欠いていた。国家権力の介入による産業全体のカルテル化や労働組合の育成、農業生産の統制などは、政府の機能を補佐的なものにとどめるべきと考えるフーヴァーにはファシズムと映り、かれの政治経済哲学からしてとうてい受け入れることができなかったのである。これらの改革を実現するには、大胆な政策実験をも辞さない行動力のある指導者が必要であった。

❖大統領選挙戦に挑む

ローズヴェルトは一九三〇年の州知事選挙戦で大勝を博すや、直ちに次期大統領選挙にのりだす決意を固め、一九三二年一月に正式に立候補を宣言したときには、早くも選挙準備体制を整えていた。アメリカ経済はいぜんとして恐慌のどん底にあえいでおり、「フーヴァーでさえなければ誰でもよい」といった民主党にはきわめて有利な情勢だった。したがって民主党の中からつぎつぎと候補者があらわれ、六月の民主党全国大会では激しい指名争いが展開した。だが革新的知事として名声をあげ、すばらしい出足をみせていたローズヴェルトが最後に指名を獲得した。そしてかれは慣例を破って自ら大会にのりこんで指名受諾演説を行ない、国民に「ニューディール」の実施を約束したのである。

この選挙戦でローズヴェルトの勝利は最初からほぼ確実と目されていたが、かれは精力的に運動を展開し、すぐれた組織力と国民をひきつけずにはおかない魅力を発揮した。まず経済危機に対処する諸方策を検討するために、ローズヴェルトはこれまでの慣行を破って広く学識経験者を集め、「ブレイン＝トラスト」を組織した。このグループには、法律学者レイモンド＝モーレイ、経済学者アドルフ＝A＝バーリやレクスフォード＝タグウェル、さらに第一次世界大戦時における経済統制の経験者ヒュー＝ジョンソン将軍などが加わったが、ブレイン＝トラストは各専門分野の問題に関し、学問的な検討を経て政策を立案することを可能にした。そしてこのような組織された知識人の頭脳と、実験を恐れないローズヴェルトの行動力とがいわば車の両輪のように組み合わさって、広範な分野にわたるニューディール諸政策をうみだす基盤をつくりだしたのである。

だが、ローズヴェルト自身が明確な社会変革のビジョンをもたなかったように、ブレイン・トラストの連中も、かれらの間で統一のとれた一貫した政策構想を有していたわけではなかった。政府の経済的機能の拡大と画期的な施策の必要を認めた点では、かれらは共通していたが、タグウェルが実業界の計画能力に深い不信感をもち、強力な国家の経済統制を重要視したのに対して、バーリやモーレイはむしろ政府と資本との協調体制に期待をかけるなど、具体的方針については必ずしも意見の一致をみなかった。しかし、こうした政策立案者の多様性は逆にニューディールに広い可能性をもたせることになり、ローズヴェルトの操作しだいではすぐれた成果をあげることが期待できたのである。

このような事情を反映して、選挙運動期間中のローズヴェルトの政策表明も、多岐にわたると同時に、矛盾にみちていた。初めは長期的な経済計画の実施や政府による生産分配機構の管理と購買力の増強を主張していたが、しだいに資本側の自主性を尊重する方向に傾くようになり、また、農業州では農民への援助を、工業地域では労働者の保護を呼びかけるなど、一貫し

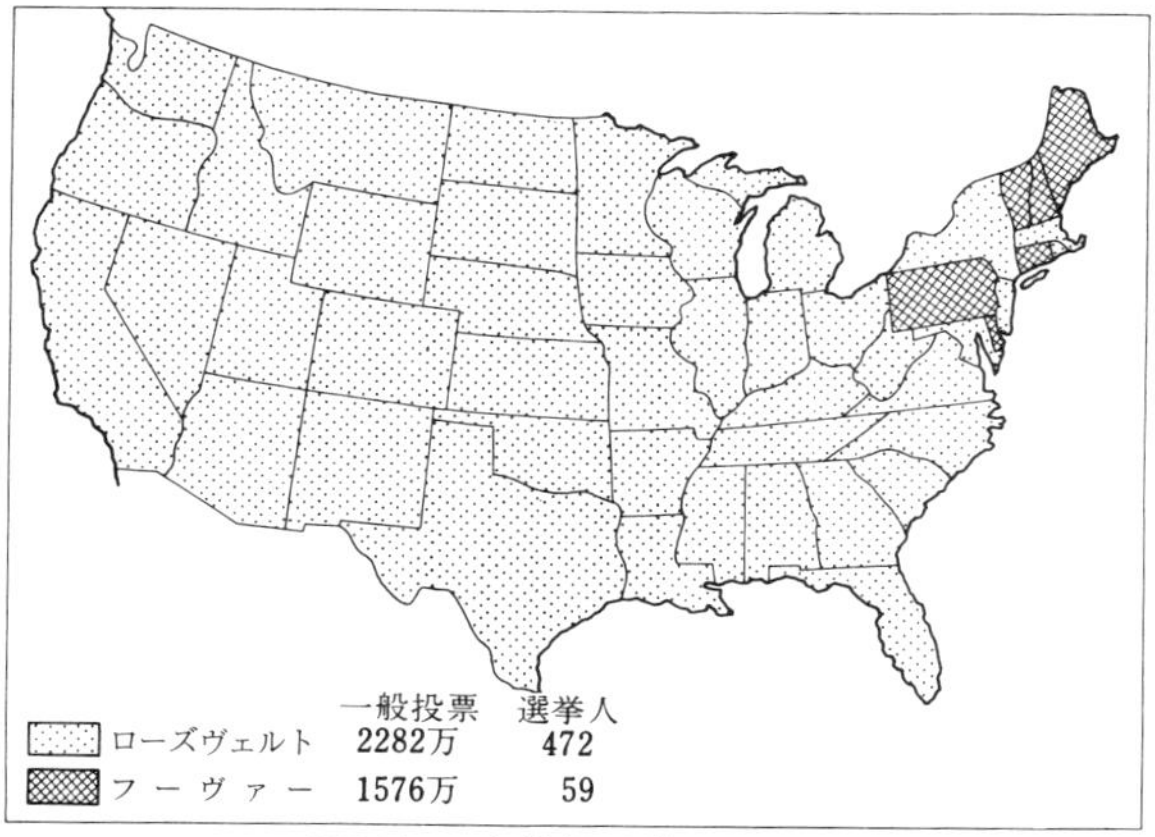

1932年の大統領選挙戦の結果

た政策構想の提示というよりは、その場に応じて内容を変えるという政治的配慮の濃いものであった。しかし、こうした政策内容のあいまいさや矛盾は、ローズヴェルトにとりマイナスとはならなかった。むしろ反対に、それはローズヴェルトがさまざまな分野にわたり、いかなる政策であれ、手につくところから積極的にとりかかる姿勢をもっているといった印象を国民に与え、また国民のほうも、筋のとおった論理的な政策論よりは、すぐにでもなにか行動をおこす現実的な政治指導者を求めていたのである。ローズヴェルトと同様に、あるいはそれ以上に、アメリカ国民自体がプラグマティックな性格の持ち主であり、ローズヴェルトはうまくそれに便乗したのであった。

ローズヴェルトになにか基本的な理念があったとすれば、それはかれが選挙戦のクライマックスにあたるサンフランシスコでの演説で示したような「利害の調和」という考え方であったといえよう。ここでかれは、政府がいわばブローカー的な役割を果たしながら、自ら「忘れられた人々」と呼んだ政治力をもたぬ大衆をも含むさまざまな経済的諸利益集団の利害を調整し、それによって経済の復興と安定を図ることを提唱したのであった。これはきわめてあいまいな概念であったが、それだけに融通性に富み、いかなる経済的グループにも政府の手をとおしてより大きな利益の配分を受けることを期待させ、広範な層をローズヴェルト支持にひきつける効果をもったのである。

一一月八日の投票の結果、おおかたの予想どおりローズヴェルトはめざましい勝利を収めた。一般投票数では二二八〇万票を得て、フーヴァーを七〇〇万票引き離し、選挙人投票では、四七二対五九という大差となった。こうしてローズヴェルトは政界復帰後四年にして、ホワイトハウスに入り、経済危機を克服するために指導的な役割を演ずることになったのである。

II ニューディールの登場

「百日間」の政策

❖恐れるべきものはただ恐怖心のみ

一九三三年三月四日、ローズヴェルトは大統領に就任した。この日、ワシントンはどんよりした鉛色の雲がたれこめ、重苦しい気分がたちこめていたが、まさにそれと同じように、アメリカの社会はもとより国際情勢も不穏な空気につつまれていた。

アメリカ経済はこの時までに、文字どおり最悪の状態に陥っていた。失業者数は一三〇〇万近くに達し、多くの人々が路頭に迷い、りんご売りなどしてかろうじて生きのびていた。農村でも、農産物価格の低落や農地の抵当流れで不満は高まり、暴動もおこりかねない状態だった。工業生産活動はすっかり沈滞し、景気指数もほとんどすべてアメリカ経済がどん底にあることを示していた。一九二九年を一〇〇とすると、総合事業活動指数は四〇・二、雇用者指数は五六、実質賃金指数は四七・一にさがっていた。しかも一九三三年二月にデトロイト諸銀行の倒

ローズヴェルトの大統領就任パレード

産に始まった金融危機はまたたくまに全国にひろがり、ローズヴェルトの就任当日の朝には、事実上すべての銀行が業務を停止し、ここにアメリカの経済機構は完全な麻痺《まひ》状態に陥ったのである。

国際情勢もこれに劣らず不安の度を強めていた。アジアでは、一九三一年九月満州事変をひきおこした日本が、国際世論の反対にもかかわらず、翌年には満州国の設立を宣言し、大陸への侵略の姿勢を一段と強めていた。ヨーロッパでも、一九三二年のドイツの総選挙でナチスが第一党となり、三三年一月にはヒトラーが首相に就任し、まさに独裁権を獲得しようとしていた。ローズヴェルトとヒトラー、後に対決することになるこの二人の指導者は、奇《く》しくもほぼ同じ時にそれぞれ政権の座についたのである。国際経済の面でも、金本位制を基盤とする自由貿易体制が破綻を示し、ブロック化の傾向を強め、こうした経済ブロックへの分化が逆に政治的対立を強め

ローズヴェルト（右）とフーヴァー

る契機ともなっていた。

大統領に就任したとき、ローズヴェルトがこれらの困難な事態にどのように立ちむかうつもりなのか、あるいは十分に対処できるのかどうか、まったく不明であった。かれには恐慌を克服し、国際秩序を再建する成案はなにもなかったし、一貫した政策構想やイデオロギーももちあわせていなかった。しかしながら、政権についたローズヴェルトの第一声は、おそらくいかなる具体的な政策案よりも国民に希望と自信を与え、気持ちをふるいたたせるようなひびきをもっていた。かれは就任演説で、まず「われわれが恐れなければならないのは恐怖心をもつことだけである」と述べて、国民の精神的支柱ともなるべき信念を示し、「国民は行動を求めている。しかも今ただちに実行にうつらなければならない」と指摘し、そして「緊急事態に対処するために、外敵の侵入時に与えられる権限と同等の強力かつ広範な行政権を要求する」決意を表明したのである。

これはある意味では行動することとそれ自体を目的とした宣言にすぎず、行政府に権力を集中して独裁政治をうみだすおそれもあり、苦労知らずの自信家だけしか表明できないような大胆さがあった。だがこうした楽観的ともいえる自信にあふれた態度こそ、ローズヴェルトの成功の鍵であり、国民の不安と動揺をしずめる効果をもっていた。そしてつづく百日間に、かれは実際にすばらしい指導力を発揮し、その成果はともかく、国民の期待に十分こたえたのである。

銀行業務も再開される

❖銀行危機の救済

ローズヴェルト政府は発足後ただちに行動を開始し、三月九日に召集された百日間の特別議会の会期中に、あたかもたまりにたまっていた水がいっきょにせきをきってほとばしり始めたかのように、つぎつぎと法案をうちだし、議会は行政府の意向にそって、投票機械のようにそれらを制定していった。それはまさにローズヴェルトが就任演説で述べた外敵の侵入に対して立ち向かっているような敏速さであった。

ローズヴェルトが最初に直面した課題は、アメリカ全土の銀行を麻痺させた金融危機に対処することであった。そして政府が採用した政策は、ある意味でニューディール全体の基本的な性格を示唆するものといえた。当時事実上機能を停止していた銀行機関に対し、政府は自由放任主義の立場からそれを放置し、崩壊するのにまかせるか、逆に国有化政策を断行して社会主義の方向に向かって第一歩をふみだすか、それとも政府の統制力の拡大や資金面での援助など、あらゆる政策を動員し、国家権力の挺子《てこ》いれでもって資本主義経済機構を再建するか、三つの選択の道があった。これらのうちでローズヴェルトがとったのは、政府の援助による銀行の救済という三番目の方策だった。ニューディールはそのスタートにおいて、自由放任主義は放棄しながらも、社会主義への道は拒否し、いわば政府と資本との結びつきによって体制の立て直しを図ろうとしていることを明らかにしたのである。それは一言でいえば、国家独占資本主義を形成する道であったといえる。

大統領に就任した翌日、ローズヴェルトは、法的根拠はきわめて疑わしかったが政令をもって金の取引を停止し、全国の銀行の休業を宣言した。これは非常事態をそのまま凍結するのにすぎなかったが、その間に国民の緊張感をとき、本格的な立法を制定する時間かせぎともなった。そして特別議会が戦時危機の雰囲気の中で開会すると、ローズヴェルトは緊急銀行法案を提出した。それは就任演説で示されたような激しい銀行家攻撃はすっかりかげをひそめ、銀行を再開するために政府の援助の手をさしのべようという保守的な性格のものであった。だが同時に大統領がすでにとった措置を合法化し、金の移動に関して大統領に完全な管理権を与え、

大統領就任後の最初の記者会見

金の退蔵を禁止し、あわせて政府の監督のもとに銀行の再開や再組織を行なうことをきめるなど、政府の権限の大幅な拡大が認められた。議会はこの法案をほとんど吟味しないままに、絶対多数でもって採択した。この政策に批判的であったのは、むしろ小グループの進歩派で、かれらは結局金融資本の救世主の役割を果たしたローズヴェルトの行動に不満の念をもったほどであった。

緊急銀行法を制定させたローズヴェルトは三月一二日、最初の「炉辺談話《ファイヤサイド・チャット》」でラジオをとおして国民に直接語りかけ、銀行はもう安全だとかれらに保証した。実際に翌朝銀行の一部は業務を再開し、客観的な情勢はなんら好転していなかったにもかかわらず、これまでの預金とりつけとは逆に、預け入れが引き出しを上まわった。銀行は安全であるというローズヴェルトの一言で、国民は銀行を信頼したのであった。ここには論理的には説明しがたいローズヴェルトの魔力ともいうべきものがあった。そしてともかく大

失業者救済活動

統領就任後八日間にして、最大の危機は回避されたのである。

ついで政府は恐慌の直接の原因となった証券取引や銀行業務の制度上の欠陥を是正する作業にとりかかった。すでにフーヴァー政府のもとでこれらに関する調査活動が進められていたが、それをもとに改革を結実させたのはローズヴェルトであった。大統領の勧告に応じて、議会は証券法を制定し、連邦取引委員会に証券発行を監督する権限を与えた。また商業金融と投資の業務を分離するなど、連邦準備制度を改革し、預金者を保護するために、政府資金をもとに連邦預金保険公社を創設した。さらにフーヴァー政府によって設立された復興金融公社（RFC）の権限を拡大し、銀行の再開や再組織にあたり、国家資本でその資本構成を支えさせた。RFCは全国で最大の融資機関であるだけでなく、投資家ともなったのである。

❖救済事業の進展

銀行の救済は経済的にみて最大の緊急事であったが、民衆の生活を救うことも同様に切実な問題であった。選挙運動の最中に、ローズヴェルトは「忘れられた人々」にも関心をもっていることを表明していたが、この点でも迅速に行動がとられた。生活困窮者を救うために連邦緊急救済法が制定され、公共事業を推進する機構も整備され、さらに職のない青年を組織して植林活動などに従事させる民間自然保存部隊の構想も実行にうつされたのであった。

だがローズヴェルトは、失業救済事業支出が景気回復に対してもつ効果を理論的にとらえていたわけではなかった。大規模な公共事業の結果、財政はつねに赤字となっていたが、かれはむしろ逆に健全財政論の立場をとっており、赤字支出は経済に好ましくない影響をもたらすと信じて、少しでも均衡予算に近づくように、一方で節約法を制定させた。しかし、どのような考え方にたっていたのにせよ、理論に拘泥《こうでい》することなく、現実の必要に応じて支出政策を行なうところに、ローズヴェルトの特色が認められた。

失業救済に自然資源保護を結びつけた事業の中で、最大の注目を受け、期待を集めたのは、テネシー溪谷開発公社（ＴＶＡ）であった。ローズヴェルトは以前から自然資源の保護に深い関心を寄せていたが、ＴＶＡはそれを一大地域開発計画として結実させた。それはダムの建設や安くて豊富な水力発電と肥料の生産に、土壌保全や植林活動を結びつけた総合開発事業であった。保守派からは、「ＴＶＡはソヴィエトの夢をそっくりまねた」危険な企てであるとの非難があがったが、ここでもローズヴェルトのイデオロギーにこだわらぬ大胆な実験的精神が発揮され、ＴＶＡはニューディールの進歩性を示す一つのシンボルともなった。だが、こうした政府企業はそれ以上にはあまり発展せず、ＴＶＡはニューディールの中でむしろ例外的な存在であったといえる。

❖農業と産業の復興

経済危機の克服をめざす「百日間」の闘いは、以上のようにつぎつぎと重要な立法をうみだしたが、その中でも初期ニューディールの中心とみなされたのは、農業調整法（ＡＡＡ）と全国産業復興法（ＮＩＲＡ）であった。

有力な農業団体は一九三二年末までに、生産統制が農業不況を解決する唯一の方策であるとの考えに到達していたが、ローズヴェルトはその案を採用し、農産物価格の下落と余剰の増大に対処するために国内作付割当計画を提唱した。これは作付制限に同意した農民に政府が補償金を支給する一方、生産削減で価格の安定を図ろうとする画期的な農業政策であった。さらにインフレを求める農民の要求を反映して、大統領に銀貨の鋳造、紙幣の発行、ドルの平価切り下げを行なう権限が与えられた。これと並行して、政府の農業融資機関も整備された。こうして農民は金融、市場、生産活動のあらゆる分野において、政府に大きく依存することになったのである。

最後に、政府は「百日間」の活動のクライマックスとして、総合的な産業政策の立案にとりかかった。産業政策の基本的転換を求める提案は、商工会議所やアメリカ労働総同盟など労使双方の機関から、それぞれの利害と結びついた形で行なわれていたが、これらを組み合わせて、一つの政策にまとめることがローズヴェルトの主要な任務となっていた。

立法活動はまず組織労働が支持する三〇時間労働法案の提出に始まったが、ローズヴェルトはこのような労働者側にだけ有利な政策は産業界の均衡をくずすことになると反対し、新たに資本と労働両者の要求をそれぞれ取りいれ、それに経済統制論の立場にたつ主張を加味した法案を作成させた。こうして制定された全国産業復興法（ＮＩＲＡ）はいわば労使双方の妥協の産物であり、また、政府の経済統制力をもかなり強化したものであった。つまり資本側は長年の懸案であった反トラスト法の停止を実現し、各産業ごとに一種のカルテル的協定ともいえる公正競争規約（コード）を制定して企業活動を規制することを許可され、他方労働者側は最低労働条件の規定とともに、団結権および団体交渉権を正式に容認された。そして企業の組織活動や労使関係を監督する大幅な権限を備えた政府機関として全国復興局（ＮＲＡ）が設立されることになったのである。これは第一次大戦のさいの産業動員計画機構を参考にしながら、資本、労働、政府の三者の協力体制をきずいて、経済復興を達成しようとするもので、政府の干渉の度合はいちじるしく増大したが、あくまで資本主義のメカニズムを維持することが意図されていた。そしてこのような政策に対し、一部からファシズムに向かう危険性があるとの批判もあったが、ローズヴェルトは社会主義的傾向に対する批判の場合と同様に、ファシズムの可能性についても意に介せず、この産業の組織化の実験にとりかかったのであった。

「百日議会」

六月一六日に「百日議会」は幕を閉じたが、以上のように、この時までに経済のほとんどすべての部門にわたり新しい政策がうちだされ、アメリカ経済はともかく最悪の事態をのりきって、息を吹き返した。ローズヴェルトは卓越した行動力と指導力の持ち主であることを国民の前に実証したのであった。これらの政策は保守的なものと革新的なものとが混じりあい、お互いに矛盾する要素も多く含まれていたが、試行錯誤の道であるにせよ、政府はともかく国民に行動の指針を与えることが先決問題であった。そしてこの点で、ローズヴェルトはめざましい成功を収めたのである。

ニューディールの動揺

❖ブローカー的政府

ローズヴェルトがとった基本的な方針は、国内改革を実行し、国民の各層に恩恵を施すことによって、経済の再建を行なうことであった。それは、対外的侵略によって国内の経済的困難に対処しようとし、軍国主義の傾向を強めていったナチス-ドイツや日本の政策とは、非常に対照的であった。これはもとより「持てる国」であるアメリカの強大な国力に負うところが大きかったといえよう。しかしそれでもなお、アメリカが平和的な経済復興の道を選んだのは意味深いことであった。経済危機を克服する方式として、ニューディールはファシズムに反対する世界中の人々の期待の的となり、ローズヴェルトは独裁的権限を手中に収めながらも、全体主義に対抗する民主主義の指導者という立場にたつことになったのである。

「百日間」の政策により、まず銀行が補強され、失業者や農民に救済の手がさしのべられ、産業資本や労働組合がそれぞれ勢力の増強を図られるなど、社会各層が利益を受けた。これがいわばローズヴェルトが選挙運動中に示した「利害の調和」というべきものであり、政府は国民の各層や諸経済グループに利益を配分するブローカー的な役割を果たしながら、ニューディールに対するかれらの支持をとりつけたのであった。逆にいえば、ニューディールは各利益集団が政府に圧力をかけて、できるかぎり多くの利益をひきだすために競いあう場となり、強力な組織力をもち、政府に接近しているグループがそれだけ有利な立場にたつことになった。このように政府は利益の配分を調整するブローカーあるいは利益獲得のための道具となったので、行政権の拡大にもかかわらず、ニューディールのもとで、計画経済やバランスのとれた経済発展を実現する統制機構が欠けていたとしても当然であった。むしろニューディールは必要に応じて経済的恩恵をふりまく融通性をもちあわせていたところに最大の強味があったといえる。だが同時に、こうしたつぎはぎ仕事的な性格により、ニューディールは政府に圧力をかける諸グループの力関係の変化によって動揺するような面をもち、十分に利益をひきだす力のない人々の間にしだいに不満をつのらせることにもなった。

❖「青鷲革命」の展開

一九三三年の夏、「百日議会」の立法活動が終わり、ニューディールは軌道にのって動き始めた。ローズヴェルトがもっとも重視したのは、初期ニューディールの支柱とみなされた全国復興局（NRA）体制を確立することであった。かれは、ヒュー＝ジョンソン将軍をNRA長官に任命し、ジョンソンは軍事動員の采配をふるうように、陣頭指揮にたって、各産業の公正競争規約（コード）の作成にとりかかった。八月末までに、早くも繊維、造船、電気機器、衣料、石油、鉄鋼など、主要産業において、生産制限のみならず、最長労働時間や最低賃金、団体交渉の規定をもりこんだコードが結ばれ、一か月後には十大産業がすべてNRA体制に加わった。だが鉄鋼業において価格政策に関する資本側の要求が大幅に受け入れられたように、これらのコードは政府の経済統制というよりは、資本側の主張を中心とするカルテル的協定といった性格が強かった。

一方ローズヴェルトはNRAが設定した最低労働条件の基準を公表し、全国の雇用者にそれを受諾するように要請した。この大統領の総括協定の呼びかけを、戦時中の「自由公債」運動に似た一大国民運動にもりあげるために、ジョンソンは「われらは役目を果たす」という文字をいれた青鷲の徽章を図案化し、協定加入者にこの徽章をつけさせることにした。九月にはニューヨーク市で大がかりな「青鷲パレード」が開催され、二五万人がNRA支持を叫んで五番街を行進し、この「青鷲革命」はまたたくまに全国に広まった。二〇〇万以上の雇用主が大統領との協定に署名し、店頭や工場からコーラス-ガールにまで青鷲の徽章がつけられ、ローズヴェルトは第一次世界大戦に参戦した「一九一七年四月以来見たことがないような団結が今やこの国に生まれている」と誇らしげに語っていた。

ローズヴェルトが求めていたのは、危機にさいして、国民が団結心を固め、ともかく行動し、沈滞したムードに活気をもたらすようにすることであった。「青鷲運動」はこの点で大きな効果をあげることができた。国民の多くは青鷲の徽章をつけ、新しい幸福な時代がふたたび訪れたと熱狂したのである。アメリカの伝統的な個人主義と自由の観念を重視するものには、「青鷲運動」はファシズムの危険な徴候のように思われた。だが大胆な実験の精神にもえるローズヴェルトには、そのような危惧の念はなかった。国民のエネルギーを結集させるうえに必要とあれば、既成の考え方にこだわらずに行動をおこす柔軟性を有していたのである。

❖NRA体制の動揺

こうした国民の団結は、初めローズヴェルトの「利害の調和」による再建の構想が着々と実現しつつあるかのような印象を与えた。とくにNRAのもとで、労働運動が復興の兆《きざ》しをみせたことは、この産業政策に民主的な色彩を強くもたせることになった。二〇年代をとおして長い間低迷していた組合活動は、NIRAにより団結権と団体交渉権を認められたため、息を吹き返したのである。しかも労働組合の勢力を拡大するうえに、ローズヴェルトの名前は大きな

青鷲パレード

魅力を発揮した。ＮＩＲＡの制定直後、合同鉱山組合のジョン＝ルイスは「大統領がわれわれの背後についている」と叫んで、大がかりな労働者の組織活動にのりだし、一年たらずで五〇万以上の組合員を獲得した。労働者には、ローズヴェルトが自分たちの味方だということが一つの大きな励ましとなり、組合活動家はかれの名前を積極的に活用し、新しく結成された組合支部には、「ニューディール」「ＮＲＡ」「青鷲」と名づけられたものもあった。

だがローズヴェルトにとり、労働者がかれを組合運動の擁護者だとみなしたことは、むしろ迷惑だったといえよう。かれの理念は労使の協調であり、労働条件の改善の必要性は十分認めていたにせよ、労働運動そのものの意味についてはほとんど理解力をもっていなかった。したがってローズヴェルトは、ＮＲＡ体制を組合活動の発展のために利用することには消極的であり、雇用者側が会社の御用組合を設立して対抗手段をうちだすようになっても、それをおさえる行動にでようとしなかった。その結果、労働者側は組合活動を推進するにさいして、政府から十分な支援を受けることができず、しだいにＮＩＲＡの労働条項の不備を悟り、より強力な労働保護立法を求める意向を強めたのである。

このようにＮＲＡは産業界に復興への手がかりを与える一方、労働運動にも活気をもたらしたが、やがて各方面から批判を浴びるようになった。資本家は経済活動に対する政府の規制や労働組合の活動に批判の目を向け始め、労働者側は組合活動に対する資本側のさまざまな弾圧やそれに対する政府の不十分な態度に不満をもつようになった。つまりＮＲＡは両者の利害の妥協の産物であったので、政策実施の過程で双方に不満をひきおこすことになったのである。また古くから改革運動に従事してきた進歩派のグループは、ＮＲＡが独占資本と結びつき、中小企業を圧迫して、独占化の傾向をいっそう助長していると攻撃を開始した。しかもコードを牛耳《ぎゅうじ》る大企業はその力を利用して競争を窒息させ、生産を削減し、事業の拡大よりはむしろ価格の引き上げから利潤をつかみとろうとしたため、景気の回復が思わしくない反面、物価ばかり上昇していることも問題になった。ニューディールの産業政策は広範囲にわたる国家経済計画化の意図をもっておらず、そこで力のある企業の私的利益が公益を圧倒する傾向が強まったのであった。

こうして、一面で労働運動の高揚をみながらも、NRAと大企業の結びつきが顕著になったため、ローズヴェルトはついに一九三四年三月、コード政策と独占体の成長との関係を調査する委員会を発足させた。だが調査活動の結果は、NRAにとってきわめて不利な結論がだされ、労使双方の不満とあいまって、この偉大な産業政策の実験はしだいに人気を失っていった。ローズヴェルトは「青鷲運動」で国民をNRA体制に結集するうえにすぐれた政治的手腕をみせたが、肝心の「利害の調和」を実現するにはまだいたらなかった。しかも経済政策の観点からみても、NRAは購買力の増強には配慮したものの、投資を促進して経済活動に刺激を与える一貫した戦略に欠けていた。そしてこうしたことから新しい産業政策を求める動きが徐々に頭をもちあげてきたのである。

❖豊富の中の貧困

初期ニューディールのもう一つの柱である農業調整局（AAA）も、大きな期待をもたれて活動を開始したが、やがて困難な事態に直面することになった。なによりもまずAAAが作付制限政策にとりかかったとき、農業生産を縮小させるにはすでに時期がおそすぎた。小麦は緑に色づいてしまっており、子豚は生まれ、綿も生長していた。したがってAAAは当初から計画的な生産統制にのりだすことができず、農民に対しすでに植付けたり、収穫してしまったものを破棄するように説得しなければならないような状態に追いこまれた。しかも貯蔵農産物だけでも市場をみたすのに十分であったのに加えて、この年は異常な大豊作に見舞われようとしていた。そこでAAAは大農民に補償金を与えて、一〇〇〇万エーカーの綿をひきぬくように指令し、六〇〇万以上の子豚と共に、子を産むという理由で二〇万頭以上もの雌豚を屠殺させた。

これらの措置はアメリカ人の頭に、AAAについてけっして良いイメージを与えなかった。同じ時期に、何千万人もの人々が衣服や食物を十分に買えず、路頭に迷い、つぎの冬はどのように飢えと寒さをしのごうかと苦悩していたのである。それは豊富と貧困との奇妙な組み合わせであった。

またAAAの政策は、大農経営に従事し、補償金をもらうために生産を縮小する余力のある商業的な農民層には歓迎されたが、そうしたゆとりのない中小農や小作人の苦境を改善するにはあまり効果がなかった。かれらが求めているのは、作付制限に対する補償ではなく、最低生活を維持するのに必要な所得の保障そのものであった。そしてAAAの恩恵をほとんど受けられないこれらの農民はしだいに不満をつのらせ、クリームに灯油をかけたり、酪農やチーズ工場を爆破するなど不穏な行動にでる気配さえ示した。大農経営者のもとで働いている小作人などは、生産削減により土地から追いだされ、AAAの政策でむしろいっそう苦しい状態に追いこまれた。ローズヴェルトはニューディール政策を形成するにあたり、「利害の調和」の観点から農民にも他の経済グループと同様に利益があるように配慮したが、政策の焦点を下層農民の救済ではなく、生産過剰という農業問題自体の解決においたため、主に有力な農民だけが得をするような結果になったのである。

政府内にも作付制限策に批判的な連中がいた。保守的なAAA長官ジョージ=ピークは生産の縮小よりは余剰農産物の海外へのダンピングのほうが望ましいと考えていたし、進歩的なタグウェル一派はむしろ農村危機を利用して抜本的改革に着手し、小作人や農業労働者の地位の向上を図ろうとした。だが、大統領と農務長官はこれらのいずれにも同調しなかった。ローズヴェルトは、産業界や銀行の再建政策の場合と同様に、まず、農業社会の中心となる有力な層を救って復興を図ろうと考え、そのために中間の道を選んだのであった。つまり農民に補助金をだすが、所得保障や価格固定のような急進的な方策は採用せず、余剰農産物の国外ダンピングに満足せずに生産削減政策にふみきったが、農村の階級構造に基本的変化をもたらすような改革には反対した。そして農産物価格を安定させるために、余剰商品を買い占める商品金融公社を新たに設立したのである。

AAAは社会政策の観点からみて多くの問題をはらんでいたが、農業状態の改善の点では、ともかく所期の目標にむかって進んでいるようにみえた。一年もたつと、農産物ばかりでなく、

放浪する農民

農家所得総額も上昇をみせはじめ、農村負債は大幅に減少した。だがこれは、作付制限に伴う補助金支出や政府の農業金融などの政策の純然たる成果とはいえず、むしろＡＡＡは自然災害による不作という「幸運」に恵まれた面が大きかった。一九三四年、アメリカの穀倉地帯は異常な干害に襲われ、ＡＡＡの作付制限をまたずとも、農業生産高はいちじるしく減少した。その結果、農産物価格はあがり、倉庫にたまっていた余剰物資も放出され、農民はしばらくの間生産過剰の恐怖から解放されたのである。しかしこの「幸運」は、もとより他方で非常に悲惨な状況をうみだした。農地が砂でうまり、生計の途を絶たれた多くの貧しい農民が、土地を追われたり、手放さざるをえなくなり、ちょうどスタインベックの小説『怒りの葡萄《ぶどう》』に描かれているように、日雇いの職を求めて、流浪の生活に入っていったのである。上層の商業的農民の利益を中心としたこれまでの農業政策では不十分なことが今や明らかであった。そしてここでも、ローズヴェルトは社会政策的な性格をもつ新たな施策をうちだす必要に迫られていた。

ローズヴェルト批判勢力の台頭と改革政策

❖社会不安の増大

一九三四年に入ると、ニューディールに対する国民の期待はしだいにぐらつき始めた。だれの目にも、政府が矢つぎばやに政策をうちだし、経済の復興や貧困者の救済に尽力しているのは明らかであったが、景気の回復は思わしくなく、国民の多くはいぜんとして生活の不安におびえていた。そしてローズヴェルト政府は活発に行動しているが、銀行、企業、大農経営者など力のあるグループの利益を守ることに重点がおかれ、一般の大衆の生活の安定はなおざりにされているのではないかといった批判がでてきた。

こうした大衆の不満を反映して、より大胆な社会政策の実現を主張して民心をとらえ、ニューディールに挑戦する大衆政治家が登場してきた。

なかでも国民の注目を集めたのはルイジアナの上院議員ヒューイ＝ロングであった。かれは

「われわれの富を再分配しよう」と唱え、一定額以上の私有財産の禁止、大規模な公共事業支出、老齢年金の設定などを提案した。この「富の再分配」運動は大変な人気を呼び、全国的に組織がつくられ、そのスタッフは七五〇万人以上の支持者がいると広言したほどであった。私有財産制に制限を設け、富を再分配するといったことが、アメリカで実現可能なのかどうかは別として、これは貧困に追いつめられた大衆の心に強くアピールする力をもっていたのである。政府に所得保障を求めて拒否された急進的な農民運動の指導者も、ロングを「ローズヴェルトらの裏切り者の代わりに神が賜わった英雄」と讃え、この新しい指導者に期待をよせた。時流にのったようにみえるロングの絶大な人気をみて、ローズヴェルトはじめ民主党の幹部は不安を抱くようになった。

ロングと並んで、チャールズ=カウフリン神父もニューディーラーに不安感を与えた。かれはラジオをとおして全国に流される雄弁な説教で広く知られており、三〇〇〇万以上の聴取者をつかんでいるとさえいわれた。かれの政策プログラムは初め必ずしも明確ではなかったが、一九三四年末に全国社会正義同盟の結成が公表され、カウフリンはニューディーラーが金権勢力の手先にすぎなくなったと非難して、銀行制度の国有化やイタリアのファシズムに類似した政治経済制度の設立を唱導し始めた。これは多分に扇動的な色彩が濃かったが、国民に対する影響力は無視できず、アメリカをファシズムの方向に導きかねないおそれがあった。

アジテーター、ヒューイ＝ロング

さらに西部でもローズヴェルトに挑戦する大衆的指導者が出現した。フランシス＝タウンゼント博士は名もない公衆衛生の一職員にすぎなかったが、老齢者の困窮をみ、自らも体験した結果、「青年よ働け、老人よ休息せよ」というスローガンのもとに、特殊な老齢年金計画の設定を提唱した。これは六〇歳以上の老人に対する月二〇〇ドルの年金支払いを政府に求め、受領者はそれを一か月以内に消費して経済復興を助けるというものであった。こうした計画が財政的に可能かどうか大きな疑問があったが、その実現を求める運動は急速に広まっていった。その他にも、カリフォルニア州知事選挙に立候補したアプトン＝シンクレアやミネソタ州知事フロイド＝オルソンなど、ニューディール政策にあきたらない急進的な改革者の批判の声があがっていた。

これらの政策構想の多くは現実性がうすかったといえるが、まさに「忘れられた人々」の真実の願いを反映していた。もしもかれらの要求を無視しつづけるならば、ニューディールの社会勢力の基盤は弱まり、ローズヴェルトはより大衆受けのするプランをかかげる指導者に政権を明け渡すようなことになるかもしれなかった。NIRAに不満をもち始めた労働組合勢力のみならず、組織力をもたぬ貧困大衆層の利害をも、ローズヴェルトはいっそう考慮する必要に迫られているようにみえた。

❖保守派からの攻撃

だがローズヴェルトに対する批判は実業界を中心とする保守勢力からもでてきた。初期ニューディールからもっとも大きな利益を受けたのはビジネスだったことを考えると、これは矛盾したことのようにみえるが、実業界側は苦境からぬけだすために政府の援助を求めはしたものの、なんとか危機から立ち直るや、逆に国家の種々の統制を煩わしく思うようになった。まして労働運動がしだいに勢力を増してくるのを黙視するわけにはいかず、ニューディールに批判的にならざるをえなかった。かれらには、政府はいぜんとしてあくまで実業界への奉仕者であり、ビジネスの必要に応じて救済策を講ずるが、経済界にそれ以上の干渉をすべきでないと考えられていたのである。

実際に一九三四年の夏、デュポンやゼネラル＝モーターズの重役など、ニューディールに批判的な実業家を中心にアメリカ自由連盟が設立された。これにはローズヴェルトのかつての友人アルフレッド＝スミスやジョン＝ラスコーブ等、民主党の有力者も加入していた。かれらにとり、ニューディールにおける国家の経済統制力の拡大はアメリカの伝統的な自由を破壊し、ファシズムをうみだす危険な兆候のように映った。そしてアメリカ自由連盟はアメリカニズムの精神を守るために、民主・共和両党の反ニューディール派の連絡機関となり、保守的な観点からローズヴェルト批判の活動を開始したのである。

❖「中央よりやや左へ」

こうした急進派と保守派の双方から挑戦を受けたローズヴェルトは、ニューディールの舵をいずれの方向にとるか決めなければならなかった。かれが選択できる道は三つあった。つまりこれまでどおり互いに対立しあうもろもろの勢力の要求を組み合わせ、そこに妥協点を見出していくか、一般大衆の支持を確保するために急進派の政策案を可能な範囲でとりいれ、左傾化していくか、それとも保守派の要求を受け入れて、政府をビジネスの奉仕者の立場に後退させるか、のいずれかであった。このうち、第一の妥協を求める方策はもはや国民の期待に十分こたえないことは明らかであった。保守派の意向にそうように政府の機能を縮小することはより困難であった。しかも政治的にみて、急進派のほうがいっそう警戒すべき力を備えているようにローズヴェルトにはみえた。こうしてかれがとるべき道はおのずから決まってきた。それは組織労働者や一般大衆の要求を可能な限り政策の中におりこみながら、「中央よりやや左」の道を進むことであった。こうすれば国民の広い層をニューディール支持につなぎとめることができ、急進派の勢力基盤を切りくずすばかりでなく、保守派に対してもいっそう強い力で立ちむかうことができるだろう。これは一連の民主化政策の推進を意味したが、もとよりアメリカの経済社会の構造を変えることではなく、むしろ逆に現行体制を救い、強化するためにこそ、民主化を行なう必要が認められたのである。

急進・保守両派からの批判がしだいに高まる中で、ローズヴェルトが「中央よりやや左」の政策路線を模索し始めたころ、実際にそれを直ちに行動にうつすように強要するような事件がおきた。一九三五年五月末、最高裁判所は初期ニューディールの支柱となっていたＮＩＲＡに違憲判決を下したのである。経済復興を推進するにはなんらかの産業の組織化と政府の経済統制が必要であると考えていたローズヴェルトにとり、この判決は大きな衝撃であったばかりでなく、かれの政治的威信をも大きく傷つけるものであった。そこでローズヴェルトは判決後一週間以内に三回も記者会見を行なって、司法部の保守性を非難し、ＮＩＲＡの違憲判決はアメリカを「四輪馬車」の時代に押しもどすようなものだと、国民にその不当性を訴えた。

だが、ローズヴェルトが最高裁判所に対する批判で示したように、本当にＮＩＲＡの存続にニューディールの命運をかけていたかどうかには疑問の余地があろう。実際にこの判決後、違憲とされた点を修正してＮＩＲＡを復活させようとする提案もあったが、ローズヴェルトはそれを結局採用しようとしなかった。また、ダロー委員会の報告書をはじめ、ＮＩＲＡに対する批判は強まりつつあり、それを存続させることは政治的に必ずしも得策ではなかった。むしろ最高裁がＮＩＲＡの生命を絶ったために、ローズヴェルトは自己の政治的立場をそこなうことなしに、ニューディール政策を変える一つの機会をつかんだともいえた。少なくとも現実的な政治感覚をもつローズヴェルトの目には、ニューディールが一つの転機にきており、しかも最高裁の判決で政府がＮＲＡ体制に代わるべき経済政策を緊急にうちだす必要に直面していることは十分に明らかであった。

❖第二の「百日間」

ひとたび新しい施策の必要を認めるや、ローズヴェルトの行動は迅速そのものであった。ここに第二の「百日間」ともいうべき活発な立法活動が行なわれた。一九三五年六月初め、ワシントンの暑い夏を前に議員が会期の終了を待ちこがれていたとき、ローズヴェルトは突如として議会を行動にかりたて、五つの最重要法案を含む多数の法案を示して、議員が帰郷する前にそれらを制定するように要請した。そして大統領がみせた新鮮なエネルギーの爆発に、議会も熱心な法案審議でもってこたえ、ここにまたもやニューディールの重要な改革政策がつぎつぎと生みだされたのである。

その第一はワグナー法の名で知られる全国労働関係法であった。ＮＩＲＡの違憲判決により、そこにもりこまれていた労働者の権利を認める条項も無効になったが、ローズヴェルトは労働条項だけをとりあげて立法化し、さらに資本側の不当労働行為を禁止する規定をつけ加えて、組織労働の支援に本格的にとりくむ姿勢を示したのである。これは従来の資本と労働双方の要求の抱き合わせないし妥協という線から離れ、労使関係について政府が組織労働側についたことを示す画期的なできごとであった。そして、アメリカの労働運動はワグナー法のもとで文字どおりこれまでにないめざましい発展をなしとげることになった。一般大衆の生活不安をやわらげ、タウンゼント運動などに示されたかれらの不満を解消するために、社会保障制度を確立することも緊急の課題となった。そしてこの分野でもローズヴェルトは直ちに行動にうつり、きわめて保守的で不十分なものであったが、ともかく社会保障法が制定され、老齢年金や失業保険制度が設けられた。

ついで大恐慌で弱体さが暴露された銀行制度を改革し、金融政策機構を整備するために、一九三五年銀行法が制定された。これによりウォール-ストリートの支配力は弱められ、金融政策面での実権がニューヨークからワシントンに移行した。複雑で巨大なピラミッド型の支配構造をもつ持株会社に対しても、ローズヴェルトは攻撃のほこ先を向け、独占資本側の猛烈な反対をおしきって、公益事業持株会社法が制定された。その結果、悪名高い公益事業帝国は政府の手入れをうけ、持株会社は政府の監督のもとに立て直しを図られることになった。

さらにロングの「富の再分配」運動のむこうをはって、大統領は富裕税法と称する新しい税法の制定を要請した。これは相続税の増額、贈与税の付加、累進的な個人所得と会社所得税を主な内容とし、ローズヴェルトによれば、富と権力の再分配を目的としていた。こうして成立をみた富裕税法は、その名に反して実際には富の再分配どころか、所得分布にもほとんど変動をもたらさないようなものであったが、財界の激しい反対を浴びたために、国民の目にはきわめて革新的な税制改革として映じた。

このほかローズヴェルトは経済活動に刺激を与えるために公共事業支出に意欲的な姿勢を示し、失業対策事業局（WPA）、農村電化局（REA）、全国青年救済局（NYA）を新設したり、国の人的・物的資源の調査活動に着手するなど、初期ニューディールにまさるとも劣らぬ政策作成の成果を収めた。

しかも第二の「百日間」の施策はアメリカを福祉国家の方向にふみださせ、経済社会の民主化を大きく促進させたとして注目され、ニューディールの重点が単なる経済復興や救済から社会改革に移ったとみなされた。実際に実業界の政府に対する批判は一段と強まり、それと並行して一般大衆の間におけるローズヴェルトの人気はもりあがった。そしてニューディールは組織労働のみならず「忘れられた人々」の支持をよりどころに、しっかりと根をおろしたのである。

だがそれと同時に注目しなければならないことは、こうした「民主化」の側面が国民の多くをひきつけた反面、大企業を中心とする資本主義を救済・強化しようとするニューディールの目的そのものにはなんら変化がなかったことであった。改革政策とみなされたものも、現実には国家権力の介入によってビジネス社会の悪弊を取り除き、その体質をより健全かつ強力にして、資本主義経済機構の安定を図ろうとする「合理化」策に他ならなかった。ワグナー法を除き、社会保障法、持株会社法、富裕税法などはいずれも、国民の印象とは反対に保守的な色彩が濃かったのである。だが政策の実態がどうであれ、ローズヴェルトはこれらによって文字どおり改革派の指導者の地位を不動のものにしたのであった。このように経済的「保守性」に政治的「進歩性」の装いをもたせ、ニューディールに対する国民の支持を確保したところに、ローズヴェルトのすぐれた政策的手腕があったといえよう。

III

民主化の進展と行きづまり

「ローズヴェルト連合」の形成

❖新しい政治技術

ニューディールは経済政策の全般にわたり新しい局面を開いたが、それを推進するにさいし、政治技術の点でも、ローズヴェルトにより多くの注目すべき開拓がなされた。

まず、ローズヴェルトは大衆操作の面で画期的ともいえるすぐれた手腕を示した。当時すでにアメリカではラジオの普及率がきわめて高かったが、かれはそれをとおして国民に直接語りかける方式を大々的に採用し、「炉辺談話《ファイヤサイド・チャット》」とか「腹をわっての相談《ハート・ツー・ハート・トーク》」と名づけて、さかんにラジオ放送により政策説明を行なった。第一期選挙当時からすでに、「フーヴァーは放送するたびに味方を失い、ローズヴェルトは放送するごとに敵を味方に変える」と言われていたが、実際にテノールに近いかれの声は声量豊かで、まる味があり、格調高い話し方とあいまって、国民をひきつけるのに十分であった。また、新聞経営者の多くはローズヴェルトに好意的ではなかったが、ローズヴェルトは記者連とはきわめて親密な協力関係を保っていた。かれは合計一〇〇〇回近い記者会見をしたといわれているが、毎週二回かれらと膝を交えて語り合い、つねに問題点をくわしく説明し、紙面をとおして国民の政府に対する理解が深まるように努めた。これも以前にはあまりみられないことであった。そしてローズヴェルトは現代のマス-メディアを世論操作に最大限に活用した最初の大衆政治家の一人となったのである。

ラジオを通じて国民に呼びかけるローズヴェルト

議会に対しても、ローズヴェルトはかつてないほどに強力な指導力を発揮した。かれは政策上の大幅な自由裁量権を行政機関に与えるように要求したばかりでなく、政策立案の多くを政府内で行ない、議会はそれらを票決する単なる投票機械といった様相を呈したことさえあった。しかも深刻な社会危機のもとにあって、議会は法案審議にさいし、受け身の立場にたたされていた。ローズヴェルトは政策の要請にあたり、たえず「非常時」、「緊急」、「最大必要事」といった言葉を用いて危機感を高め、折をみてラジオ放送をとおし国民にも直接呼びかけて、議会に世論の圧力がかかるような方策をとった。かれは大統領就任以来、教書や演説の中で少なくとも九二回も非常時の存在を宣言したとさえいわれたほどであった。国家的危機も、かれには行政府の権限を拡大する政治上の武器の一つになっていたのである。

政府の経済的機能が拡大した結果、当然のことながら行政機関もつぎつぎに新設され、アメリカ国民は、NRA、AAA、WPA等々、数えあげればきりがないほど多くの耳なれないアルファベット名の機関のもとで生活することになった。これは一面でニューディールの無計画性を端的に示していたが、他方必要に応じて積極的に対策を講じるローズヴェルトの柔軟性をあらわす印でもあった。またかれは多数の学識経験者や青年を起用して、これらの政策活動にあたらせた。こうした人材の組織化はすでに「ブレイン-トラスト」を設けたときにもあらわれていたが、行政府の権限が拡大されるにつれ、いっそう進展をみた。これまでは実業界で成功することを夢見ていた有能な若者たちがワシントンに殺到するようになり、かれらの多くは膨張しつづける政府機関の中に吸収されていった。こうしてニューディールをとおしてアメリカの政治社会は一変し、現代的な行政国家とともに新しいエリート層が生まれた。大統領のまわりだけでも、秘書官や補佐官など数百人にのぼる行政事務機構ができたが、こうした巨大な官僚組織を動かすには新しい手腕が必要とされた。そしてローズヴェルトは慣習にこだわらず

ホワイトハウス内のローズヴェルト（1935年）

にそれを操作する技術を有していた。かれは形式的な煩雑さを嫌い、こみいった書類に対してはつねに「それを一ページに煮つめたまえ」と要求した。電話の活用、手紙の整理、面接の応対にいたるまで、かれには新しい行政機構にふさわしい一種の合理主義が働いていた。また、ローズヴェルトはしばしば相反する考え方の持ち主を同じ行政部門の中に組み合わせて使ったが、これは政策方針を動揺させるおそれがあったものの、それだけ政策の潜在的可能性を広めたともいえる。そして互いに矛盾しあうようなもろもろの立場から長所をひきだし、それらを巧みに結びつける技量は、ローズヴェルトならではのものであった。

だがなによりもましてアメリカの政治に重要な転換をもたらしたのは、一九三六年の選挙戦にみられたように「ローズヴェルト連合」とも呼ぶべき新しい社会勢力がうまれたことであった。

❖ 一九三六年の選挙戦

第二の「百日間」の諸立法で「中央よりやや左」の道を歩み始めたローズヴェルトは、広範な大衆層の支持をいっそう強固にするために、一九三六年保守勢力に対しまっこうから挑戦するような姿勢をとった。この年の年頭教書で、かれは富と権力にしがみつこうとしている「経済的貴族を打倒せよ」とか、「反動勢力は今や民衆の自由を抑圧しようと暴力団を組織している」などと、激しい語調で保守派を非難し、ある議員は「これが教書か？　まるで選挙演説だ」と批判したほどであった。

これはもとより実業界を激昂《げっこう》させたが、ローズヴェルトにはかれらを憤慨《ふんがい》させることも予定の行動に入っていた。かれは全国の大衆がこの演説を聞いているのを計算にいれており、実業界の反感がかれに政治的に有利に作用することを見通していたのである。そして実際に大統領の急進的な言葉は国民の多くを感激させ、その心を強くとらえた。かれらの目には、今やローズヴェルトは自ら先頭にたって強力な経済支配層に立ち向かう雄々しい大衆の指導者のように映ったのである。

一九三六年は大統領選挙の年であった。保守派に対し大胆な挑戦がなされたのも、そこに大きな原因があった。ローズヴェルトにとり、選挙運動は早くも始まっていたのである。大統領候補を指名する民主党大会でも、かれに代わりうるような者はいなかった。もとより保守派の反対はあったが、ニューディールの実績はそれをおしつぶすのに十分な力があった。そして指名受諾演説において、ローズヴェルトは「経済的王党派」を攻撃する姿勢を一段と強めた。ニューディールの改革政策により、このときまでにロングやタウンゼントらの過激なローズ

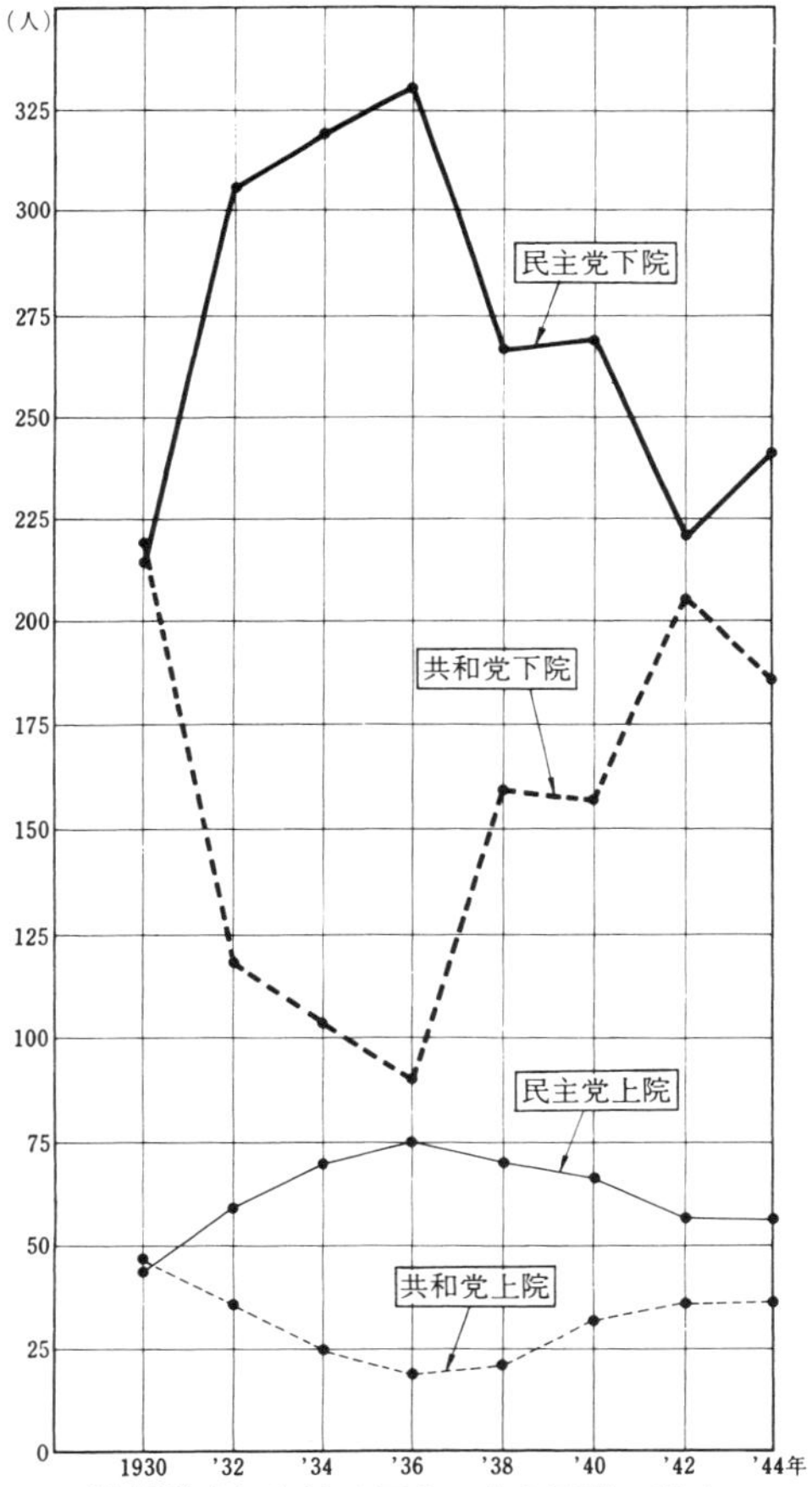

連邦議会における民主・共和両党の勢力

ヴェルト批判勢力はほとんど姿を消していた。したがってかれの主な競争相手は共和党であった。共和党はカンザス州知事アルフレッド＝ランドンを大統領候補に指名し、アメリカ自由連盟など保守的な反ニューディール勢力を結集して、ローズヴェルトに対決する態勢を整えた。ニューディール政策の是否が選挙戦の争点になることは明らかであった。だが共和党も国民の支持を得るには全面的なニューディール批判の立場にはたてず、その政策綱領も実際には赤字財政に対する反対など若干の点を除き、ニューディールの内容をかなり受け入れていた。このことは逆に共和党の独自性をうすめ、不利に働きかねなかった。

こうしたニューディールの強味とローズヴェルトのすばらしい大衆的人気にもかかわらず、選挙の見通しは必ずしも楽観をゆるさなかった。とくに保守派に牛耳られている新聞界は、多くがランドン支持の論陣をはり、かれを有利とみる選挙予測さえあらわれるありさまであった。このような状況の中で、ローズヴェルトは慎重かつ効果的に勢力伸長の布石を行なっていった。まずかれは、北部の大都市の大衆を基盤とする新しい政治連合をつくりあげていった。ローズヴェルト自身は貴族的な背景をもつパターナリスティックな性格の持ち主であったが、ニューディーラーの中には、ロバート＝ワグナーのような下層階級の間にしっかり根をおろした者が多数入っており、こうした連中がアメリカの進歩派《リベラル》の新しい中心になろうとしていた。そしてニューディールの種々の福祉政策で、大衆は自ら受益層になった、あるいは政府に保護

黒人指導者と握手するローズヴェルト（アラバマ州タスキーギにて）

されているといった意識をもち、ローズヴェルトの政策に満足感を覚えるようになっていた。それに加えて、ローズヴェルトが広い包容力を示して、カトリック教徒や比較的新しいあるいは少数の移民者層からも積極的に人材を起用したことも、これらの集団の多い都会部を支持勢力に確保するのに有利に作用した。

これまで圧倒的に共和党支持であった黒人を民主党にひきつけるうえに、ニューディールはやはり一つの大きな転換点となった。第一次世界大戦ごろより、黒人の北部への移住が急速に進み、北部の都会に多くの黒人の居住地がうまれたが、政治的に重要な意味をもったのは、公民権を奪われている南部の黒人よりこうした北部の黒人であった。ローズヴェルト自身は人種差別問題に十分な理解力をもっていたとはいえず、決して黒人の地位の向上に積極的にとりくもうとはしなかった。かれはリンチ禁止法案を支持したものの、南部民主党議員を敵にまわすのをおそれて、他の立法のようにそれを強引に成立させようとしなかったし、大統領在任中、ただ一つの公民権法も制定されなかった。その意味で、黒人の解放はニューディールの「民主化」から大きくおとされていたといえる。

だがローズヴェルトは政府機関内で黒人を従来より高い地位に任命し、政府の救済金支給の場合も、かれらに対し差別や割当制がとられなかった。また、ローズヴェルト夫人は積極的に黒人に接近する姿勢を示し、かつて全国有色人種向上連盟（NAACP）の会長をやったこともあるハロルド＝イッキーズ内務長官は、内務省における黒人の雇用を重視し、スラム一掃計画でかれらの新住宅入居割当をふやすなど、その生活条件の改善に努めた。投票日の一週間前には、ローズヴェルト自ら慣例を破って、ワシントンにある黒人だけのハワード大学の化学館落成式に臨席し、人種差別の排除を叫んだりした。このような政府の救済活動と非差別的扱いは、黒人の共感を呼び、公民権の点ではほとんどなにも改善がなされなかったにもかかわらず、かれらをローズヴェルト支持勢力の中にしっかりと組み入れたのであった。

それにもましてローズヴェルト勢力の社会的基盤を強力にしたのは、組織労働の活動であった。ワグナー法のもとに政府の確固とした支援を受けた労働組合は一段と力強く組織活動を展開し、その中からアメリカ労働総同盟（AFL）に加え、新たにジョン＝ルイスを指導者とする産業別組合委員会（CIO）の活動も始まった。かれらにとり、ローズヴェルトはまさに労

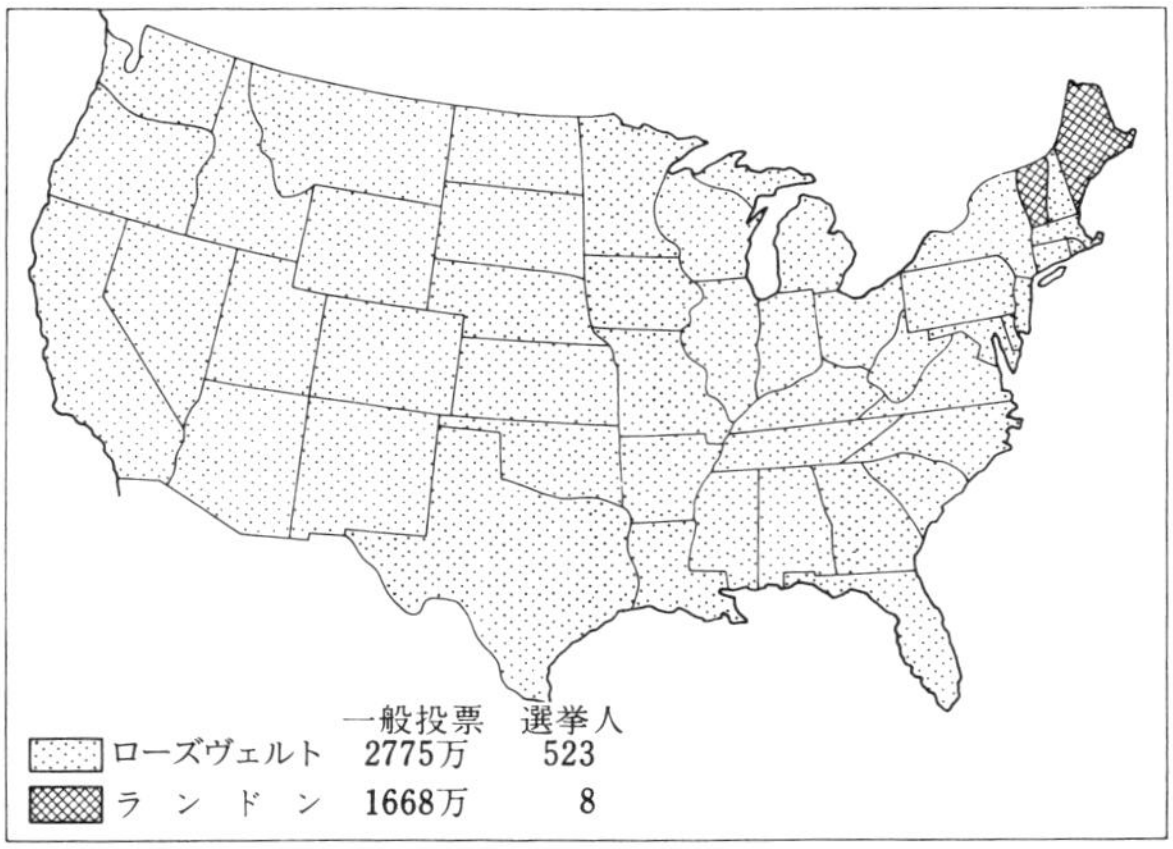

1936年の大統領選挙戦の結果

働者の権利と利益を守って先頭にたった闘士のように映り、とくにルイスはＣＩＯの組織をローズヴェルト支持に動員し、選挙資金に七七万ドルもの巨額の寄付を行なった。これは民主党の財政的基礎に歴史的な転換をもたらすものとさえいえた。さらにＣＩＯ指導者は社会党系組合指導者をもひきいれて、ローズヴェルトの再選に協力する労働者非党派同盟を組織し、活発に選挙運動を行なった。この同盟はイギリス労働党のような労働者政党の誕生を意味するものではなかったが、いずれにせよ政治活動を避けるアメリカ労働運動の伝統から大きく離れ、労働者票をローズヴェルトに動員するうえに重要な役割を果たした。そしてこれら広汎な諸勢力を含む「ローズヴェルト連合」の形成をとおして、民主党は勤労大衆層を基盤とする政党へと発展をとげていったのである。

　こうした大衆の支持に自信を深めたローズヴェルトは、選挙運動のクライマックスにあたるニューヨーク市での演説で、「金権勢力はわたくしに対する憎悪で一致している。――そしてわたくしはかれらの憎しみを歓迎する」と集まった群衆に語りかけ、さらに「治政第一期では、これらの勢力に政府が好敵手であると思わせたかった。第二期では、かれらに政府こそが自分たちの主人であるといわせるようにしたい」と叫んだ。会場はこの言葉にわきかえり、興奮につつまれた。

あたかもこの演説会場が国全体の選挙の縮図でもあるかのように、投票の結果はローズヴェルトの大勝に終わった。かれは一般投票で二七七五万票（六一％）を獲得し、選挙人得票では五二三対八と、ランドンを大きく引き離したのである。また議会でも民主党の優位は一段と強まった。社会党や共産党、さらには右翼的傾向の連合党からも大統領選挙に候補者がたったが、いずれもその無力さを示しただけであった。今やアメリカ国民がニューディールの方策を支持し、それに希望を託していることは明らかであった。

❖労働運動の進展

ローズヴェルトの再選に一役かった組織労働は、ニューディールの「民主化」を推進する中心の存在となった。ＡＦＬは、恐慌の克服には購買力の増強が必要であり、それには労働組合の強化が先決であるとの信念にもとづいて、ＮＲＡ体制のもとで積極的に組織活動に従事してきたが、以前からの熟練労働者を中心とする職能別組合主義から脱け出すことができず、そのため鉄鋼、自動車など重要産業部門の組織化に十分とりくめないことがしだいに明らかとなった。組合運動の発展には未熟練労働者を産業別組合に組織する方式が必要であると認めたルイスやシドニー＝ヒルマン等は、ＡＦＬの保守的な政策にあきたらず、一九三五年にはＡＦＬ内にＣＩＯを結成し、独自の組合運動にのりだした。

ここにアメリカの労働運動は二大組織の競争が展開されることになったが、とくにＣＩＯの活動はめざましく、従来のＡＦＬの壁を破る大胆な行動にでた。一九三六年六月、ルイスは組織労働者の最大の敵と目された鉄鋼産業のＵ・Ｓ・スティールに大攻撃をかけることをきめ、年末には大自動車会社ゼネラル＝モーターズで大ストライキがおこった。しかもここで画期的ともいえる「坐りこみ」戦術が採用され、これは効果的な闘争手段となり、またたくまに各地に広まった。そして一九三七年二月にはゼネラル＝モーターズが屈服し、ついでＵ・Ｓ・スティールも戦わずして降伏した。これらの牙城を切りくずしたＣＩＯは破竹の勢いで、自動車や鉄鋼産業はもとより、ゴム、電機その他の基幹産業において労働者の組織化を進めた。その結果、ＣＩＯは産業別組合会議と名を改め、ＡＦＬから正式に独立した一九三八年に、ＡＦＬの一〇二組合三六〇万組合員に対し、四二組合四〇〇万加盟者を擁する大組織へと成長していた。こうして組織労働は一大政治勢力になるとともに、資本側との団体交渉をとおして産業界の民主化を進める原動力ともなった。

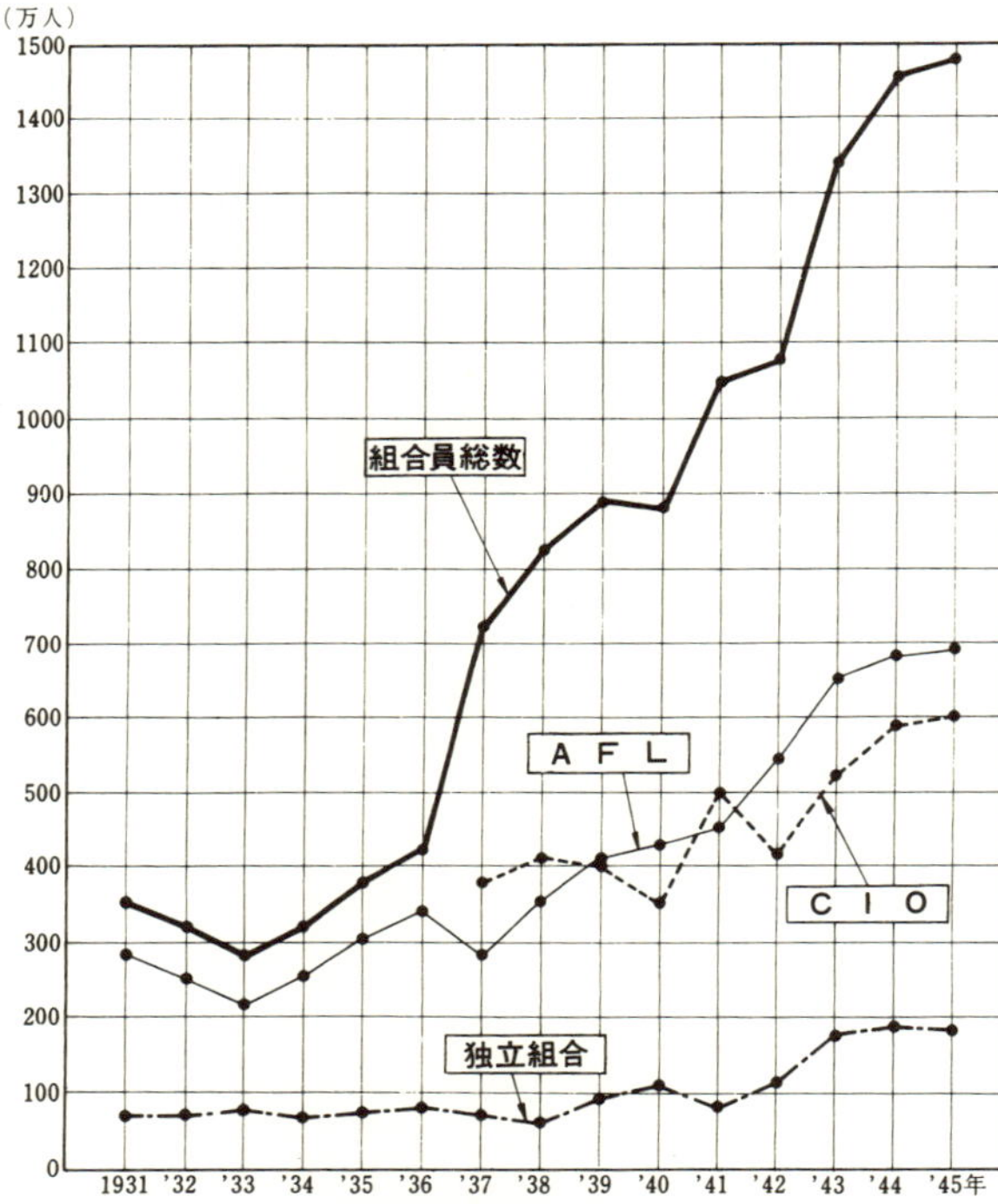

労働組合の発達

だが激しい闘争と新しい組織形態や活動の進展にもかかわらず、アメリカの労働運動が根本において従来の階級協調と経済闘争を重視するいわば保守的な立場から離れようとしなかったことは注目する必要があろう。組織労働は社会主義建設のビジョンを示さなかったし、独自の政党結成の方向にも動かなかった。そして激しい組合闘争も、むしろこうした組織労働の保守性を見ぬけない反動勢力側の頑固な抵抗によって余儀なくされたのであり、団体交渉が制度化され、軌道にのるや、労使双方の関係はふたたび本来の協調関係に立ちもどったのであった。こうしてニューディール期の労働運動の高揚は、実際には、左翼勢力をおさえてローズヴェルトの地歩を固め、体制の変革なしに資本主義の経済構造を安定させるように機能したのである。

保守勢力との抗争

❖「最高裁を改組せよ」

一九三七年一月、ローズヴェルト政権は第二期に入った。その冒頭の就任演説で、ローズヴェルトは「国民の三分の一がいぜんとして不十分な住居、不十分な衣服、不十分な栄養状態にある」と指摘し、いっそう急進的な改革にのりだすかのような期待を国民に抱かせた。ところがかれが最初にとった行動は国中に強烈な衝撃を与えた。大統領は新たな社会立法ではなく、最高裁判所の改革を要求したのである。

最高裁がわずかの差ではあるが保守派に支配されがちな状態にあることは、進歩派にとり頭痛のたねになっていた。一九三五年には初期ニューディールの支柱となっていたNIRAに違憲判決を下し、翌年初めにはもう一つの柱であったAAAにも同様の判決をした。さらにれき青炭資源保存法やニューヨーク州最低賃金法も同じ運命をたどった。最高裁のこうした態度には、保守派さえ驚く場合があった。もしも司法部がその頑迷な立場を改めないならば、ワグナー法や社会保障法など第二期ニューディールの諸立法も抹殺されてしまうおそれがあり、最低労働条件を規定する法律の制定も不可能に近かった。

したがってローズヴェルトが最高裁こそ保守勢力の砦《とりで》となっており、進歩的な社会改革にとり最大の障害であると考えたとしても当然であった。だが三権分立のたてまえ上、行政府が司法部に圧力をかけ、その政策に同調するよう強制することはもとより不可能であった。そこで現実的な感覚をもつローズヴェルトは一つの案を手にした。それは最高裁判事の定員を増加させ、新たに生じた席にニューディールの支持者を送りこむことであった。

こうして最高裁改組法案が議会に提出された。大統領は最高裁の人員不足ないし老齢による非能率をその理由にあげ、最高裁の増員が政治的配慮とは関係のないことを強調したが、だれの目にも、法案が最高裁の保守性の克服を目的としていることは明らかであった。だがある意味で当然と思われるこの政策要求は、ローズヴェルトの予期に反し、保守勢力を結集させたばかりでなく、進歩派をも混乱におとしいれた。また、政策の立案にあたり、ローズヴェルトはかれらしからぬ政治的失策を犯していた。つまりかれは選挙運動期間中、この問題にまったくふれなかったし、法案提出のさいにも議会指導者と打ち合わせをしなかった。閣僚の中でも、この法案について知っていたのは検事総長ただ一人というありさまであった。こうした大統領の独断的なやり方は法案の真意についてよけいに疑惑を抱かせ、保守派に絶好の攻撃材料を提供した。今やかれらは行政府への権力集中の危険を指摘し、国民にむかって自分たちこそアメリカ民主主義の擁護者であり、最高裁を政略の道具にするような企図をつぶさなければならないと叫ぶことができた。こうした状況のもとでは、最高裁改革はほとんど実現の見込みがたたなかった。自己の政治力を過信したローズヴェルトは、初めて重大な敗北を喫するかにみえた。

しかしここで、ローズヴェルトはもとより保守派も予期しなかったような事態があらわれた。改組問題が論議されている最中に、最高裁判所が先に違憲判決を下したニューヨーク州最低賃金法と類似したワシントン最低賃金法に合憲判決を下し、ついでワグナー法にも同様の態度をとった。さらに保守派の一判事が引退を表明したため、ローズヴェルトは進歩派の判事を任命する機会を得、社会保障法も合憲とされたのである。最高裁は自らニューディール支持に方向を転じたのであった。ここに改組法案の必要性そのものが消滅してしまい、この問題は立ち消えになった。ローズヴェルトは自ら戦闘には負けたが戦争には勝ったと主張したように、改革の実現には失敗したが、本来の目的は達成したのであった。しかもこのあと二年半のうちに、かれは九人の最高裁判事のうち五人を任命し、最高裁を文字どおり「ローズヴェルト法廷」と呼ばれるようなものにしたのである。

❖ニューディールの退潮

選挙運動や就任演説で急進的な見解を表明したローズヴェルトは、最高裁改組問題でつまずき、事態が好転してからも、第二期ニューディールを上まわるような改革の動きはあらわれなかった。農産物販売協定法や農業小作法が制定され、小自営農民層の復活を図る農業保障庁（ＦＳＡ）が設置され、公正小売価格維持法や全国住宅法も成立をみた。だが、これらはローズヴェルトが叫んだ金権勢力の打倒の手段としてはあまりにも微力であった。ニューディールの改革のエネルギーはあたかも第二の「百日間」でつくしていたかのようにみえた。

しかしニューディールの退潮には、保守勢力の台頭も大きく影響していた。かれらは最高裁問題で力をもりあげたが、一九三七年夏には民主党保守派上院議員のグループはローズヴェルトと手をきり、ニューディーラーをおさえるために共和党と結束する姿勢を示した。民主党の分裂は大統領にとり深刻な障害となった。それは、かれの政治指導力をもってしても、これ以上急進的な改革は実現がきわめて困難なことを意味していた。それでも一九三七年末の特別議会で、ローズヴェルトは「七つのＴＶＡ」を含む諸種の改革案を提出したが、それらはやはり民主党保守派と共和党の反対によりほとんど流産に終わった。アメリカ政界のより根本的な体質の変化がないかぎり、ニューディールの改革は限界にきているようにみえた。

ニューディール立法活動の最後の年ともいうべき一九三八年に、ローズヴェルトが成立に導いた重要な法律といえば、農業調整法と公正労働基準法にすぎなかった。前者は農業ブロックの圧力のもとに、土壌の保全、耕作割当、作物保険や融資などをとりきめ、いわばニューディール農業政策の総括ともいうべきものであった。後者は多くの除外例を認めながらも、最低賃金と最長労働時間を定めた労働条件の改善を図る画期的な施策の一つといえた。だが議会対策上のほとんどあらゆる武器を動員したにもかかわらず、政府はこれらを成立に導くだけで精いっぱいで、きわめて不十分な立法にとどまった。ここにもニューディールが息切れに近いことがあらわれていた。

反ローズヴェルト勢力が強まったことは、政府諸機関を能率的に再編成しようとする再編成法案についてもみられた。行政機構の改革は保守派の要望でもあったので、ローズヴェルトは楽観視していたが、実際に審議が始まると、保守派は、最高裁改組の場合と同様、これは大統領に独裁的な権限を与え、民主主義を危険にするおそれがあると批判し、結局それを葬ってしまった。さらにマーチン＝ダイスを委員長とする下院非米活動調査委員会の創設により、保守化の傾向はいっそう拍車をかけられた。これは本来ファシズム分子の調査をするものと期待されていたのであったが、ダイス委員会は実際には左翼の糾弾にのりだし、反共を宣伝するための場となった。そして極端な場合には、ニューディールさえ「赤」の戦略とみなされ、進歩派に対する中傷が行なわれたのであった。

❖党内改革の失敗

このような保守派のまきかえしに直面して、ローズヴェルトはしだいに、ニューディールを支えるには、かれの政治力を行使して民主党内の保守勢力を弱めなければならないと考えるようになった。そして上下両院議員の民主党予選会が各地で開かれるにおよび、ついに反ニューディール派議員を追放する運動にのりだした。かれは全国遊説にでて、保守派分子を候補者に指名しないよう党首として一般党員に警告し、さらにニューディール支持者を対立候補にたてて争わせた。

だがこの党内浄化運動は完全な失敗に終わった。わずかの例外を除き、ローズヴェルトが支援した進歩派の連中は敗退し、保守派議員は再選された。これはアメリカの政党組織が地方分権的性格をもち、大統領の地方政治への干渉が反発をかいやすいこと、予備選挙が一般国民ではなく民主党員にかぎられていること、そしてかれらがその地方の有力者に根強い忠誠心を抱いていることなど、種々の原因があったが、ともかくローズヴェルトは政治的に困難な立場にたたされた。国民の間でかれの人気はいぜんとして高く、「ローズヴェルト連合」も確固とした社会的基盤を保っていたが、議会に対するかれの指導力は弱まり、以前はそれを自由に操った神通力もしだいに効き目がうすれていくようにみえたのである。

臨戦体制への移行

❖「恐慌の中の恐慌」

以上のような政治的困難に加えて、ローズヴェルトは第二期に経済的にも苦しい事態に直面した。ニューディール諸政策にもかかわらず、一九三七年夏に景気がふたたび急速に後退し、アメリカ経済はいわば「恐慌の中の恐慌」ともいうべき状態に陥ったのである。

一九三五年以来、ローズヴェルトは経済活動に刺激を与えるために、財政支出を大幅に拡張してきた。そのせいもあって、一九三六年から翌年にかけて景気はめざましい上昇をみ、一九三七年春にはついに生産高が一九二九年の水準をこえた。だがこの年前半の「繁栄」はきわめて不安定な基礎にたっていた。失業者はいぜんとして八〇〇万近く存在し、建設業は足ぶみを続けており、財界はまだ新投資に着手する自信に欠けていた。景気の上昇は主として政府の赤字支出に支えられたインフレ的性格の強いものにすぎなかった。しかし、政府にはまだ確固とした財政政策の理論体系がなく、せいぜい景気の変動にあわせ、それを補う形で支出を行なうといった補整支出の考え方がで始めていただけであった。そこで景気の回復に歩調をあわせて、公共事業などの政府支出を大幅に削減し、予算を均衡にする措置がとられたのである。

だが一九三七年八月、景気は突然下落した。経済活動の崩壊する速度は二九年の大暴落のときよりももっと激しかった。わずか三か月の間に、鉄鋼産業の操業率は八〇%から一九%に下がり、株式市場でも平均株価は一九〇から一一五に転落し、二〇〇万人が職場から放り出された。ここに一九三五年以来の経済回復の成果はいっきょに消滅したのであった。

この急激な景気後退は政府内に重大な政策論争をひきおこした。保守的なヘンリー=モーゲンソー財務長官は、財界が投資をしぶっているところに不況の最大の原因があり、大規模な連邦支出は租税負担を大きくするので投資の振興にはマイナスだと主張した。これに対し、ハリー=ホプキンスやマリナー=エックレスら進歩派は、政府支出の削減が景気後退の要因であり、さらに産業独占体の硬直した管理価格が復興を妨げていると論じた。かれらには財政支出の大幅な拡張と反トラスト政策の強化こそが必要であると思われた。とくにエックレスはケインズ的な理論をふりかざして、財政支出が景気調整策の効果的な武器になりうることを示唆した。

ローズヴェルトは経済活動のメカニズムや理論を理解せず、この論争の部外者であったが、初めは積極的な行動をとらず、保守派に近い立場にたっているようにみえた。だが恐慌が長びくにつれ、新たな施策に着手する必要に迫られた。これまでもろもろの経済政策を手がけてきたあとだけに、かれの掌中にある手段はわずかであった。それは進歩派の主張にしたがって、大規模な政府支出政策を展開し、独占的企業の活動を規制することであった。

❖独占対策の再検討

しかしローズヴェルトは以前から言葉のうえでは金権勢力に対しはなばなしい攻撃を行なってきたものの、実際の反独占政策の実施となると、きわめて慎重であった。かれの独占批判は大衆を味方にひきいれるための政治的意図の濃いもので、政策上の裏づけに乏しかった。二〇世紀初めの革新主義者と同様に、かれも独占体の解体は不可能に近く、それを強行すれば、アメリカ経済全体を混乱に陥れ、破綻させるおそれがあることは十分承知していた。ニューディールがアメリカ資本主義の変革ではなく、その救済に最大の目的があった以上、独占批判の姿勢が中味のないものであったとしても当然といえた。したがってあらためて反トラスト政策の実施が

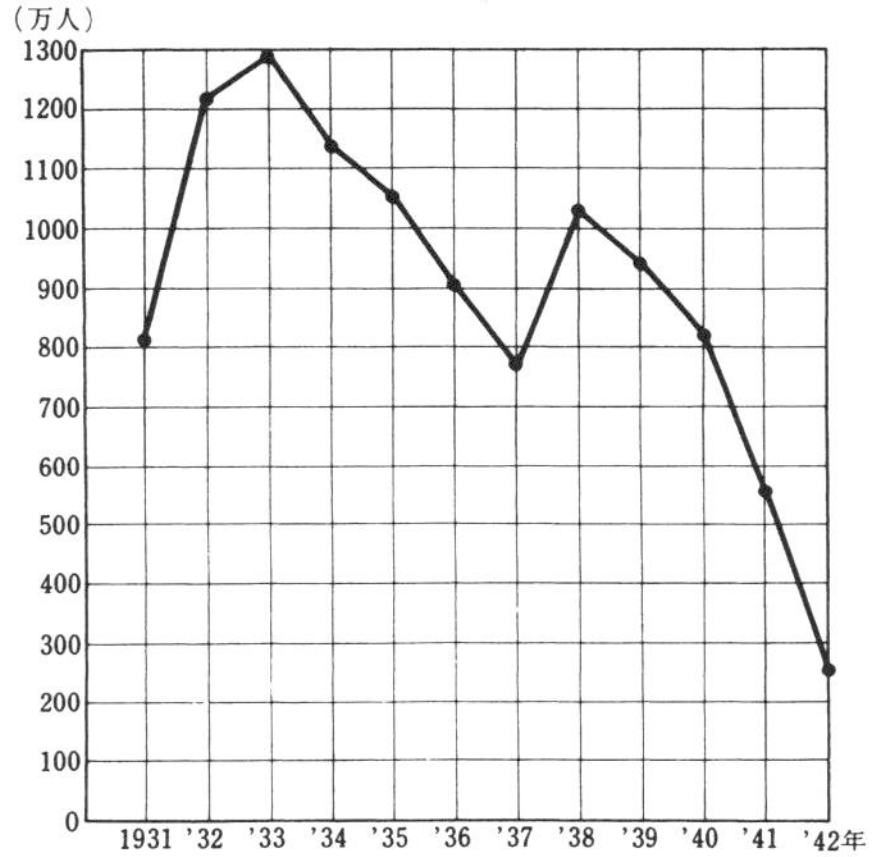

失業者の推移（政府統計による）

考慮されるようになっても、ローズヴェルトは経済規制策そのものの立案作成ではなく、まず独占的企業の活動の実態をさぐり、経済回復をにぶらせる原因となっている要素をみきわめることに重点をおいた。もしもこの弊害となっている点が明らかにされたら、独占体を軸とする経済発展を阻害することなしに、それを是正する対策をうちだすことができよう。

そこで一九三八年四月、ローズヴェルトは経済力集中の実状を調査する機関の設立を議会に要請し、これにもとづいて臨時全国経済調査委員会（ＴＮＥＣ）が設けられた。ＴＮＥＣの調査活動は質量ともに、アメリカ経済に関する研究としては他に類をみないほどの成果をあげた。調査はほぼ三年間にわたり、公聴会だけでも一八か月つづいた。そして三一巻の証言記録と経済学者による四二巻の研究報告がまとめられた。

だがこうした活動にもかかわらず、反トラスト政策の観点からみると、ＴＮＥＣはほとんどなにも実らせなかった。ＴＮＥＣはローズヴェルトがもともと独占反対にふみきったことを意味したわけではなく、むしろトラスト対策にとりかかるのを延期させ、回避させる効果をもった。またその調査は、必ずしも景気の回復と完全雇用を実現するには独占体をどうすべきかといった実践的な課題に正面からとりくんではいなかった。しかもＴＮＥＣの活動が終わったとき、アメリカ経済はすでに臨戦体制に入っており、独占攻撃どころか、むしろ反対に大企業化の促進が必要とされ、政府は積極的にそれを支援する施策をとったのであった。

ローズヴェルトは他方で一九三八年サーモン＝アーノルドを反独占政策の担当者に任命し、かれが積極的にトラスト規制に着手したため、TNECの設立とあいまって、国民には大統領がニューディールの末尾を飾るべく独占的企業への攻撃に本格的にとりかかったかのように思われた。だがアーノルド自身、反トラスト法が独占の成長という経済の必然的な趨勢をおさえるのにどれほど無力かを承知しており、かれのトラスト規制も結局のところ不正取引行為の取り締まりの域をあまりでず、国民にローズヴェルトが独占に批判的であるといった印象を与え、ニューディールに有利な政治的効果をあげただけで、現実の独占資本の発展を阻止することにはならなかった。しかも戦時経済動員計画が始まるや、反トラスト政策はその障害になるとみなされ、独占資本を規制しようとするプログラムはほとんどが崩壊してしまった。そして皮肉なことに、反独占と銘うったTNECとアーノルドの政策は、逆に反トラスト政策が実効性をもたぬことを最終的に確認したことになった。実際これ以後独占問題は政治的争点としてはかげがうすくなり、むしろ大企業体制の長所や利点を重視する傾向が支配的になっていったのである。

❖財政支出と経済の軍事化の進展

景気後退に対する政策として、反トラスト政策より大きな期待をもたれ、また実際に成果を収めたのは、大幅な財政支出であった。初めは躊躇《ちゅうちょ》していたローズヴェルトも、ついに財政支出論者の見解を受け入れて、一九三八年四月、議会にあてた不況対策特別教書の中で政府支出政策の恒久化を提案し、公共事業用の巨額の資金を含む大規模な貸付・支出計画の実施を要請した。これに対し、議会は三七・五億ドルにのぼる支出法案を成立させ、WPAはじめ、FSA、NYA等の諸機関に資金が割り当てられた。

財政支出の増加とともに、景気は回復の兆しをみせ始め、アメリカ経済はともかく危機をのりこえた。だが経済活動は上昇にむかっても、失業者はいぜんとして数百万人に達していた。こうした状況のもとで、アメリカの成熟した経済においては好況時にも完全雇用の実現は不可能であり、それを克服するには、単なる景気変動に対する補整というよりは恒常的な巨額の赤字支出により有効需要をうみだす積極的な財政支出政策が必要であるとみなされるようになった。問題はこのような巨額の政府支出を毎年吸収し、かつそれに雇用増加の効果をもたせうるような部門を見出すことであった。アメリカ経済が資本主義に立脚している以上、民間企業と競争関係にたつ政府企業をおこすことはもとより不可能であり、またこれまでニューディールがとってきた社会政策の拡充も、経済成長と雇用の増加を進めるのに不十分なことはすでに明らかであった。だがここに恒常的財政支出をこれらの経済的目的のために効果的に活用できる重要な部門があった。それは軍需産業であった。

しかもちょうどこのころ、枢軸国側の侵略政策の進展により、国際情勢は悪化の一途をたどっていた。ローズヴェルトは早くも一九三八年一月に、国際的対立が深まり、列強が軍備拡張に狂奔《きょうほん》しているとき、自国の防衛力を確実にするには軍備の大拡張が必要であると主張し、一〇億ドルにのぼる海軍の建造計画と陸軍の増強を提案した。議会はそれを受け入れ、ここにアメリカの軍備拡張策は本格的にスタートした。

もとよりローズヴェルトはこの軍事支出をはじめから恐慌対策と直接結びつけていたわけではなく、あくまで国際政治上の配慮に力点をおいていた。だがかれの意図がどうであれ、軍事支出はすぐに経済活動の刺激策と関連づけられ、しかもそのもっとも効果的な手段となった。ニューディールを推進した進歩派でさえ、その社会的実験の経済的失敗と軍備拡張との間のひそかな関係をみぬいていた。鋭い政治的感覚をもつローズヴェルトが、国防力の強化と景気の回復という二つの課題をいっきょに解決する軍事支出の意味あいを認識しないはずはなかった。そのうえ軍事支出には、社会政策の場合と異なり、保守派から反対を受けないですむとい

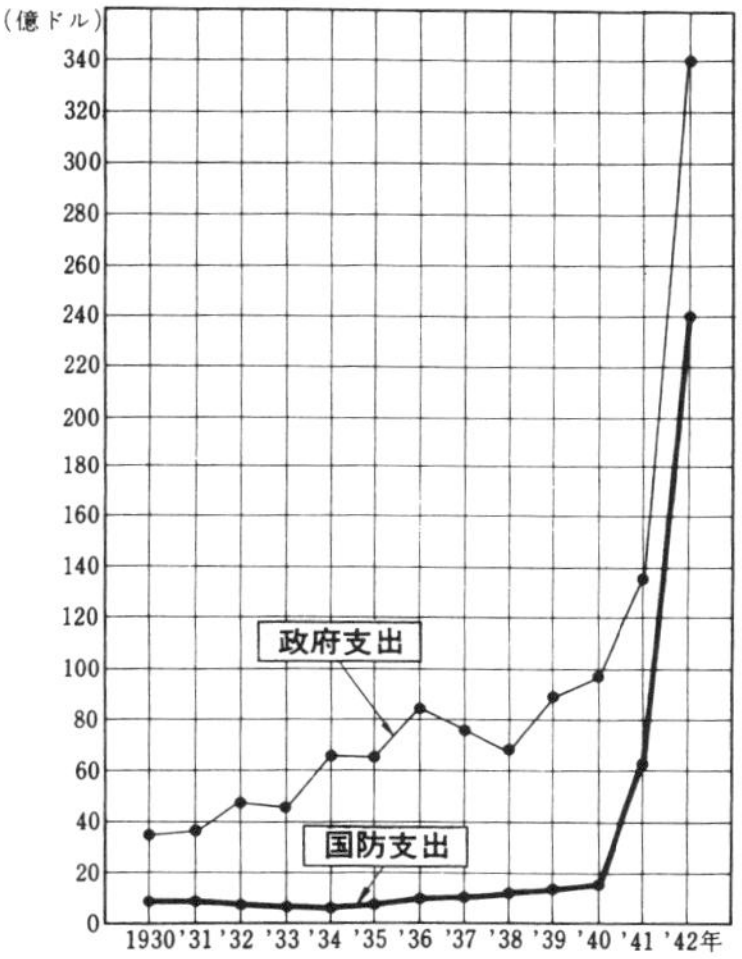

政府支出と国防支出の推移

う大きな利点もあった。

こうして政府支出が全般的に膨張する中で、とくに国防関係費は急激にふえ、それが予算に占める比率は上昇した。むしろ軍事支出が財政支出全体の増加の牽引《けんいん》力になったといえよう。

一九三九年冒頭に、大統領はふたたび国防強化の必要をいっそう強い語調で訴え、総額約九〇億ドルの予算のうち一四億ドルの国防費を要求した。その後もこの傾向は一段と強まり、一九三七年に政府支出七七億ドル、うち国防支出九億ドル（一二％）であったのが、一九四〇年にはそれぞれ九一億ドルと一五億ドル（一七％）になり、翌年には一三三億ドルと六一億ドル（四六％）に達した。

それとともに政府はしだいに臨戦体制を明確にしていった。陸軍省は早くも一九三七年に産業界の臨戦体制をつくる産業動員計画を作成していたが、翌年九月には国防会議が設置され、一九三九年なかばには戦略上重要な原料物資を非常時に備えて貯蓄する作業まで開始された。実業界も軍事支出を軸に活気を呈するようになり、第二次世界大戦の開戦後、経済動員のテンポがいっそう急速になる中で、一〇年あまりにわたる大恐慌からやっとぬけだせる見通しがはっきりとしてきた。アメリカ経済は大戦の圧力のもとに、恒常的財政支出にもとづく軍事化の道を歩み始め、その過程で初めて経済危機を最終的にのりきることになったのである。

こうしてアメリカの経済社会は大恐慌期をとおして大きな変貌をとげた。資本主義体制を救うために国家権力は経済活動に大幅に介入し、多くの分野でそれは制度化された。そして政府の経済的機能は独占的企業を中核とする民間資本の存続のために欠くことのできない要素となった。そこにできあがったものは、種々の改良を加えられた「修正資本主義」であり、民間経済部門と公共部門とが組み合わされた「二重経済」ないし「混合経済」と呼ばれるものであり、国家権力の挺子《てこ》いれによって大資本の安定と強化が図られた「国家独占資本主義」であった。これは、あくまで資本主義を維持しながら経済の再建を図ろうとした以上、当然たどるべき道だったといえた。そしてイデオロギーや変革の理論にこだわらず、プラグマティックな姿勢を保ったローズヴェルトは、この過程で卓越した政治力を示したのである。

だがローズヴェルトをアメリカ史上の偉大な改革者にしたのは、単に資本主義を救済したからではなく、積極的な施策をとおして多分野にわたり社会改革や民主化をなしとげたり、その先鞭をつけたからであった。このことは、ニューディールの改革が政治的配慮が濃く、現実の政策上の裏づけの弱いもので、また、独占資本主義の基盤を安定させる方策の一環にすぎないものであったにせよ、非常に大きな意味をもつことであった。アメリカの大衆層は自ら「忘れられた人々」でなかったことを悟り、現行の社会体制から離反しなかったばかりでなく、改革政策をおし進める政党を支援する一つの有力な社会勢力となった。そしてこれを背景に、アメリカの改革の伝統あるいはリベラリズムは息を吹き返し、自信をとりもどしたのである。しかも社会福祉政策は恐慌期の一時的なものとして終わらずに制度化され、独占資本の力を補強する政策とともに、「ニューディール体制」の中に定着することになったのである。

しかし、一九四〇年までにニューディールの改革のエネルギーはほぼ燃焼しつくしており、ローズヴェルトの国内危機を救う指導者としての役割も終わりに近づいていた。そしてこれまでアメリカの大統領は二期で退陣することが慣例になっていたことを考えると、ローズヴェルトが一九四一年に政権から離れたとしても自然のなりゆきだったといえよう。だが歴史の動きはかれに身をひくことをゆるさなかった。一九三九年に勃発した第二次世界大戦により、ローズヴェルトは国内危機についで国際危機の克服というより困難な課題にとりくむように運命づけられていたのである。そしてこの対外政策の分野でも、一九三〇年代および大戦期を通じ、かれはすぐれた指導力を発揮したのであった。

Ⅳ 困難な中立の道

経済的ナショナリズムからの脱皮

❖まず国内の再建を

ニューディールは当初から政策の重点を国内におき、国際的協力よりは、自国の経済制度の改革によって、恐慌を克服しようと図ってきた。ローズヴェルトの最初の施策も、国際経済の影響からアメリカを守るために、金の移動を政府の統制下におくことであった。そして一九三三年四月二〇日には、国内でインフレ政策に着手しやすくするために、金本位制を廃止したのであった。

もとより欧米諸国の協力によって国際経済秩序の安定を図り、世界的規模に拡大した恐慌をのりきろうとする動きはあった。そしてローズヴェルトの先任者フーヴァーは、三三年六月にロンドンで世界経済会議を開催する段どりまでつけておいたのであった。ローズヴェルトも初めはこの貿易の拡大と通貨の安定を図る国際会議に協力する意向を示し、コーデル＝ハル国務長官を団長とする代表団をロンドンに派遣した。

しかし、ロンドン経済会議は最初から難航した。ひとつにはアメリカ代表団の内部で見解の統一がとれず、ハルがもっとも関心をもっていた相互関税引き下げ案も、まだ時期尚早だとして、ローズヴェルト自身の支持をえられなかった。さらに国際経済秩序の混乱を反映して、フランスを先頭とする金ブロック諸国と、金本位制を離脱したアメリカおよびイギリスなどとの間で、通貨の安定をめぐり鋭く意見が対立した。それでもようやく暫定的なとりきめが結ばれたが、各国の予想に反して、ローズヴェルトは突然すべてをご破算にするような「爆弾メッセージ」を発したのであった。かれは国内の景気回復が先決問題であり、物価引き上げ政策の支障となるような通貨安定協定にはいっさい同意しないと宣言し、通貨問題を討議する前に各国がそれぞれ自国の資力を動員して生きる方策を見出すべきだと主張したのである。これは国際慣行を破るような、ひとりよがりの高慢ともいえる行動であったが、世界経済会議はローズヴェルトのこの声明により、事実上崩壊してしまった。

国内改革をめざすローズヴェルトが以上の態度をとったのは当然であったかもしれないが、しかしアメリカが世界で最大の経済力をもつ債権国で、経済会議をリードする特別の責務があったことを考えると、ローズヴェルトの政策はやはり国際社会に深刻な影響を及ぼしたといえよう。実際にロンドン会議の流産とともに、列強が協力して共通の経済問題に対処する最後の機会が失われ、これ以後経済自立政策《アウタルキー》の傾向が一段と強まり、各国政府は勢力圏を確保するため、経済戦争にしのぎをけずることになったのである。

ローズヴェルト政府の国際非協力の態度は、賠償と戦債を中心とする債務問題にもあらわれた。第一次世界大戦の結果生じた賠償と戦債は戦後の国際経済に暗影をなげかけ、大恐慌が勃発してからはいっそう深刻な問題となっていた。フーヴァーは国際債務の支払いを一時停止するモラトリアムを宣言したが、アメリカが旧連合国に対してもつ戦債の償還請求権を放棄するようにとの要請はあくまで拒絶し、ローズヴェルトもこの政策をひきついだ。そして一九三四年、議会はジョンソン法を制定し、アメリカの政府に対する返済義務を履行していない国に新たに政府借款を供与することを禁止した。その結果、アメリカ政府は事実上西欧諸国に対し、金融面で援助を与えることができなくなったのである。

❖ソ連市場を求めて

しかしながらローズヴェルトは、アメリカ経済が海外市場に全然進出することなく、国内政策だけで復興しうると考えていたわけではなかった。かれがナショナリズムの色彩の濃い政策をとったのは、海外に目を向けることをやめたからではなく、まず国内の危機を克服し、あらためて対外的進出にのりだす態勢を整えるためであったといえよう。

ソ連邦承認のためモスクワに到着したアメリカ全権大使バレット（中央）

ローズヴェルトが国務長官の要職に、自由貿易主義の主唱者として知られていたコーデル＝ハルを任命したことも、かれが国際主義の考え方を抱いていることを示していた。ローズヴェルトは国内政治情勢を考慮して、「百日議会」ではハルの通商拡大計画の実現を見あわせ、かれがロンドン経済会議で関税引き下げの提案をするのを不可能にしてしまったが、決して積極的な貿易政策に反対していたわけではなかった。ローズヴェルトは海外進出にのりだす機が熟するのを待っていたのである。

　ローズヴェルトが対外経済進出の意欲を示した最初の政策は、ソヴィエト連邦（以下ソ連邦）の承認であった。アメリカはソ連邦に対し、ロシア革命直後に反革命干渉戦争に参加したばかりか、その後も非承認政策をとってきた。しかしソ連邦は資本主義世界が経済危機につつまれていた時期に、第一次五か年計画のもとでめざましい経済建設をなしとげつつあり、恐慌を経験せぬ唯一の有望な市場となっていた。そこでアメリカの実業界からも、ソ連邦との国交回復を望む声が高まってきた。しかもナチスードイツと軍国主義日本を牽制《けんせい》するうえからも、ソ連邦承認は好ましいと考えられたのである。

こうしたソ連市場に対する経済的な期待と国際政治上の配慮とが重なって、ローズヴェルトはソ連邦承認を決意し、交渉の結果、一九三三年一一月に、両国の国交は開かれた。この政策にも、イデオロギーの相違にあまりこだわらず、実際の利害関係によって行動するローズヴェルトの現実的な性格があらわれていたといえよう。ソ連邦承認政策は結局のところ、通商協定のとりきめが失敗に終わったため、経済的にそれほどみるべき成果をあげなかったが、長い目でみると、後に枢軸国側に対する米ソ両国の「大同盟」の実現を可能にした重要な意味あいをもつことになったのである。

ソ連邦との国交回復はまたアメリカの対外経済政策に新しい手段を導入した点でも、画期的なできごととなった。ソ連邦は社会主義国家であるため、通商部門もアムトルクと呼ばれる国営機関が一手に握っており、したがってローズヴェルト政府は多数の商社が競争しあうアメリカ側が対ソ貿易で不利な立場にたつのではないかと心配した。またソ連邦がアメリカ商品を購入したくとも、ドルを十分にもっていないことは明らかであった。そこでローズヴェルトは一九三四年初めに政令でもって政府資金により輸出入銀行を設立し、アメリカ商社の活動を背後から支援するとともに、ソ連邦にクレジットを提供する態勢を整えたのであった。

これは対外経済進出のために国家資本を直接に活用しようとした最初の政策であり、経済外交に新しい局面を開く端緒ともなったのである。だが他方でアメリカ政府はソ連邦承認を契機に、ロシア帝国に対して有していた債権の返済をめぐる交渉に入り、この交渉は結局ものわかれに終わった。その結果、両国の通商協定を結ぶ試みも実を結ばず、ジョンソン法の規定により、輸出入銀行もソ連邦にクレジットを与えることができぬままに、開店休業の状態におかれてしまった。このようにして、アメリカは債務問題に関する強硬な態度のために、自らソ連邦承認を経済的に利用する機会を逸する形になったが、政府資金を対外経済進出に援用する政策そのものは、その後他の地域で生かされ、しだいに重要性を増すことになったのである。

❖通商拡大の企て

ローズヴェルトは国内物価引き上げ策を容易にするために、一九三三年四月に金本位制を廃止したが、それにもとづいて、同年秋には、一部の経済学者の理論にしたがい、引き上げ価格で金を購入してインフレをひきおこす「実験」にとりかかった。つまり政府が市場より高い価格で金を買いあげれば、アメリカは世界貿易のシェアを拡大できるばかりか、国内商品価格もドルの金価値が下がるにつれて上昇するだろうと考えられたのである。ある朝ローズヴェルトは二一セントの引き上げを指示し、「これは七の三倍だからラッキーナンバーだ」と冗談めかして言い、それを聞いたモーゲンソー財務長官は、「われわれがラッキーナンバーの組み合わせなどで金価格をきめているとだれかが知ったら、さぞ驚くことだろう」と憤慨したほどであったが、これなどは危機の最中にあってもユーモアを失わぬ、ローズヴェルトの楽天的な気質を示していたといえよう。

金買い上げ政策は結局国内物価引き上げの面ではあまり効果がなく、翌年初めにとりやめることになったが、それにかわり、ローズヴェルトはドルの金価値を六〇％まで切り下げる権限を大統領に与える金準備法を制定させ、金価格を一オンス三五ドルに決定した。この政策は二重の意味で通商の拡大に好ましい影響をもたらし、実際にアメリカが対外経済進出に本腰をいれてのりだす一つの重要な契機となった。つまりドルは金本位制廃止前にくらべ、約五九％の平価切り下げとなったが、それによりアメリカ商品の国際競争力はいちじるしく強められ、また平価切り下げから得た帳簿上の利潤をもとに為替安定基金を設けることが可能となったのである。ローズヴェルトは自分の誕生日に金準備法に署名し、「私のもらった一番すばらしい誕生日プレゼント」であると、それを高く評価した。

ついで政府は一九三四年六月、ハル国務長官の率先のもとに、ニューディール期のもっとも重要な対外経済政策といえる互恵通商協定法を成立に導いた。アメリカ経済は海外市場を必要としている反面、伝統的に保護貿易主義の傾向が強く、それを反映して、議会でも関税引き下げ案には強い抵抗があった。そのためローズヴェルトははじめ、ニューディールの重要法案の成立を確保するため、ハルの関税引き下げの要求をおさえたのであった。だが国内経済政策の立法が一応完了し、ニューディールが軌道にのるや、ローズヴェルトの目は当然のことながら対外進出に向けられ、互恵通商を主張するハルを支援し、三か月にわたる政治工作の末、目的を達成したのである。

互恵通商協定は一方的に新しい低関税率を設定することはせずに関税率の相互引き下げに同意した国に対し現行関税率の五〇％まで変更する権限を大統領に与え、こうして引き下げられた関税の適用範囲を最恵国待遇の条項により拡大し、アメリカ商品の輸出を増加させようとする政策であった。したがって従来の関税法と異なり、税率の決定に柔軟性をもたせることができ、また相手国との交渉で税率が決められるため、アメリカが強大な国力をバックに有利に取引することを可能にした。これはもとより自由貿易を実現するものではなく、当時のアウタルキー的性格の濃い世界にあって、通商障壁を除去するうえにもそれほど効果的ではなかった。しかしこれ以後四年間に、中南米諸国を中心に一八か国とこの通商協定が結ばれ、西半球をアメリカの経済圏として固め、地域的統合を進めるのに重要な役割を果たすことになったのである。

❖「金融外交」の誕生

互恵通商協定は関税引き下げを促す機能はもったが、恐慌下の国際取引の大きな障害となっている金融上の問題を解決する手だてとはならなかった。アメリカは関税の引き下げだけでなく、相手国にアメリカ商品の購買力をもたせるような政策を考慮する必要にも迫られていた。この点で、ローズヴェルトは持ち前のプラグマティックな行動力を示し、ソ連邦との通商に必要とみなされた政府融資の方策を中南米諸国との通商拡大に適用することにした。しかもソ連邦との貿易が進展しなかったため、この対外融資活動は現実には、主として中南米諸国に対する外交政策の中で活用されることになったのである。

一九三四年、キューバが財政危機に陥り、親米的な政権が苦境にたつと、ローズヴェルトはこれを支えるために資金援助を行なう必要を認め、新たに輸出入銀行を設立した。しかもソ連邦の場合、輸出入銀行の役割は通商を促進するためのクレジットの供与であったのに対し、この場合は、相手国の財政難をまず救済し、そのうえでアメリカ経済の進出を支援するといった、いっそう広範かつ積極的な機能を備えていたのである。これを機として、中南米諸国との経済的関係を深めるアメリカ政府の金融活動は活発となり、輸出入銀行は単に貿易業者に金融上の便宜を図るだけでなく、アメリカ商品を購入するという条件で、相手国の政府や業者にも資金を提供した。そして一九三〇年代末には、今日の発展途上国経済援助政策の先駆けともいうべき開発資金の貸付けまでが始められ、西半球の経済的結束を強化する「金融外交」はいちじるしい進展をみたのであった。ここにも、必要に応じて新しい手をつぎつぎにうつ、ローズヴェルトの実際的な面がはっきりとあらわれていた。

「善隣外交」政策の展開

❖内政不干渉の約束

アメリカは長い間ヨーロッパの問題の介入には消極的な態度をとり、アジアでは門戸開放政策をかかげて領土保全や機会均等を主張していたが、ラテンアメリカに対しては、独占的な支配力を確保するために武力介入まで含む強引な政策をとり、中南米諸国から不安と同時に強い反感をもたれていた。ローズヴェルトもこうした帝国主義的政策に対して批判的な目をもたず、ウィルソンと同様に、アメリカは後進地域の住民が文明化するよう指導する道義的使命をもっており、こうした目的のためには内政干渉も仕方ないという立場をとっていた。実際にかれは海軍次官補であったとき、ハイチの憲法は自分の手で書きあげたと誇らしげに語ったほどであった。

しかし、ラテンアメリカに経済的進出を企てるアメリカにとり、これらの諸国に反米感情が高まることは非常に不利なことであった。そこで一九二〇年代の末、フーヴァー政府のもとで、アメリカの対ラテンアメリカ外交政策に転換の兆しがみえ初め、現実的な国際感覚をもつローズヴェルトの手により、それは西半球に友好的な関係をうみだす「善隣外交」へと結晶することになった。

一九三三年の夏にニューディールの立法活動が一段落するや、ローズヴェルトは対外政策にのりだす態勢を整えたが、ソ連邦の承認とともに緊急を要する問題となったのは、当然のことながら中南米諸国との関係の改善であった。当時アメリカの保護国になっていたキューバで革命運動がおこり、急進的な政府が生まれた。こうした不穏な状況のもとで、元来内政干渉を否定する見解を表明していたキューバ駐在アメリカ公使サムナー＝ウェルズは持論をひるがえして大統領に武力介入を提案し、ローズヴェルトは、従来の強引な中南米外交を変更する必要を認めていたにもかかわらず、三〇隻の艦隊を派遣した。結局直接の軍事介入は行なわれなかったが、ローズヴェルトは最後まで革命派の政府を承認しない態度をとり、こうした圧力のもとに、革命政府は一九三四年一月に崩壊してしまった。キューバの指導者が「私の政府が倒れたのは、ワシントンがそれを望まなかったからだ」と言明したように、それは広い意味で一種の内政干渉であった。したがって「善隣外交」といえども、内政干渉の否定それ自体というよりはアメリカの利益の配慮が中心であり、むしろ友好関係を樹立することによってそれを増進し、アメリカに不利な事態がおこるのを未然に防ぐことに主眼がおかれていたといえる。

この点で、ローズヴェルトは敏速に行動にうつった。一九三三年一二月に、ウルグアイのモンテビデオで汎米会議が開かれたが、かれは新しい外交政策をうちだすためにこの機会を利用した。汎米会議にはハル国務長官が出席し、中南米諸国が以前から提議していた米州諸国間の相互不干渉を約束する協約に対し、正式に支持する旨を表明し、ローズヴェルトも武力干渉反対を再確認したのである。これはともかく二〇世紀初頭以来の対ラテンアメリカ政策からの大きな転換を示していた。

❖「善隣外交」の進展

この新しい方針にそって、ローズヴェルトは中南米諸国との関係を改善する具体的な政策に着手した。まず、キューバで革命政府が倒れ、親米的な政権が生まれるや、かれは輸出入銀行の融資活動をとおして財政危機を救い、グアンタナモ軍事基地は保持しつづけたものの、キューバに干渉する権利を放棄することをきめた協定に調印した。ついでウィルソン以来一九年間占領下においていたハイチから、財政監督権こそ手離さなかったが、軍隊をすべて撤収させた。さらにドミニカの税関管理を打ち切り、一九三六年には、パナマに対する干渉権を放棄する措置をとった。

これら一連の政策は、アメリカが内政不干渉の約束を実際の行動で示したものとして、中南米諸国から歓迎され、かれらの対米感情はいちじるしい好転をみた。世界の各地で国際的対立が激しくなりつつある中で、西半球内部の関係を緊密にしたのは、明らかにローズヴェルトの外交的勝利であった。実際にローズヴェルトは一九三六年中南米諸国を旅行したとき、かれらから「偉大な民主主義者」と尊敬されているのを見出し、ニューディールがこの地域の改革のモデルとみなされているのを知って、大いに自負心を満足させたのであった。

こうした状況を背景として、アメリカと中南米諸国との経済的関係は深まり、通商を拡大する互恵通商協定が結ばれ、これら諸国に対するアメリカの輸出額は一九三二年以後の一〇年間に四倍に増加した。また、中南米諸国に関する輸出入銀行の融資活動も発展の一途をたどり、その額は一九四〇年までに一億六〇〇〇万ドルに達した。そして政府金融に支えられて、通商のみならず、この地域に対するアメリカ資本の進出ものび、こうした経済的結びつきの進展は逆に政治的協力を促すことにもなったのである。

善隣政策は一九三八年メキシコの進歩的なカルデナス政権が外国人所有の石油産業を接収したとき、最大の試錬にたたされた。このアメリカ資本の利益をそこなう政策に反対して、自由主義者と認ずるハル国務長官もメキシコに種々の圧力をかけた。しかし両国にとって幸運であったことは、当時のメキシコ駐在アメリカ大使は、ローズヴェルトがウィルソン政府の海軍次官補だったときの海軍長官をしていた穏健なダニエルズであり、かれはメキシコの改革政策に同情的で、暴利をむさぼる自国の石油資本の手先になることを断り、数年にわたる交渉の後、話し合いによる解決に導いた。そしてローズヴェルトも、メキシコとの友交関係がもたらす長期的な利点をも考慮して、かつての上役の立場に同調したのである。こうして「善隣外交」には汚点がつかずにすんだ。しかしながら、同じころにベネズエラやボリビアでアメリカの石油企業に対する不満が高まったとき、ローズヴェルト政府は輸出入銀行の融資のとりやめなどで圧力をかけ、あくまでも接収を防いで、アメリカ資本の利益を擁護する政策を貫いたのであった。

❖西半球の地域的統合へ

「善隣外交」ははじめ中南米諸国の反米感情をしずめることによって経済関係を密接にし、アメリカ商品と資本のはけ口を確保することに主眼がおかれていたが、一九三〇年代なかば以降、ドイツやイタリアの侵略政策が強まってくると、ラテンアメリカとの友好関係の維持は、ナチズムやファシズムの影響が西半球にひろがるのを防ぐためにも必要なものとなった。そこでローズヴェルトは一九三六年末、米州特別平和会議を開くことを要望し、自ら中南米諸国を親善訪問したうえ、ブエノスアイレスで開かれた会議に出席した。

この会議において、ローズヴェルトは内政不干渉を再確認するとともに、西半球の諸国が共同の安全保障と共同の福祉増進のために協力すべきであると主張し、そのために米州全体の協議機関を設立するように提案した。この段階では、まだ中南米諸国間の疑惑が強く、国際連盟に対する義務との関係も明確でなかったため、ローズヴェルトの構想はすぐには具体化されなかった。しかしこれを機に、米州諸国内に地域的集団安全保障の樹立をめざす気運が高まり、西半球の結束を固めようとするアメリカの政策は新しい段階に入った。そして実際に一九三八年、いっそう険悪になった国際情勢を背景に、ペルーのリマで第八回汎米会議が開かれ、ここで、以上のようなローズヴェルトの方針にそい、米州諸国は西半球のいかなる国の安全と平和に対する脅威も米州諸国全体に対する脅威とみなし、外相会議を開いて協議を行ない、かつ結束してそれに対処することをとりきめた共同宣言が採択されたのである。

こうして第二次世界大戦の勃発の前夜に、アメリカはいわばモンロー主義を従来のごときアメリカ一国の外交理念から米州諸国全体の共通の理念に拡大し、自ら率先してラテンアメリカとの協力体制を築き、足もとには安心して、ヨーロッパやアジアの危機に対処できるような態勢を固めたのであった。

孤立主義との闘い

❖孤立主義の風潮

ローズヴェルトは若いころから大海軍主義を信奉する対外勢力拡張論者であり、アメリカは国際舞台で国力にみあった重要な役割と責任を果たすべきであると考え、一九二〇年の大統領選挙戦でも、ウィルソンの国際連盟を支持する連中の先頭にたっていた。しかし大恐慌の経済危機に直面すると、かれの国際主義的側面は一時的にせよすっかり影をひそめたかのようにみえた。一九三二年の選挙戦でも、かれはかつての共和党の競争者よりも公然と国際連盟を否認する態度を示し、今や連盟はウィルソンが考えていたような世界平和に貢献できる機関ではなくなっており、したがって、今さらこの国際組織に加入しても有害無益であろうと主張したのであった。この見解は以前のウィルソン派を中心とする国際主義者をいたく失望させた。しかもローズヴェルトは、恐慌を資本主義世界全体の危機ととらえたフーヴァーと異なり、あくまでアメリカ社会内部の制度的欠陥にその病根を見出そうとしたため、国内改革政策に意欲的となった反面、国際協力にはきわめて消極的にならざるをえなかったのである。

その結果、ローズヴェルトが大統領に就任した翌日、ドイツ国会がヒトラーの手に絶対的権力を委ね、また、その少し前には満州問題をきっかけに日本が国際連盟を脱退するなど、国際平和にとって不吉な兆しがみえていたが、ローズヴェルトはそれに対してなんら有効な対策をうちだそうとはしなかった。一九三三年後半からは、ソ連邦を承認したり、善隣外交に着手するなど、対外政策に積極的にとりくむ構えを示したが、それとても、主要な目的は海外市場の開拓にあった。そしてドイツや日本を牽制し、西半球の団結を固めるといった国際政治上の配慮も認められたにせよ、ローズヴェルトにはまだ、ヨーロッパやアジアの問題に積極的に介入して、自ら主導権を握ったり、集団的行動により、不穏な事態に対処しようとする姿勢はでてきていなかった。一九三五年になっても、かれは「海外の諸大陸でなにがおこっても、アメリカ合衆国は、遠い昔にわが国の父祖がそうあれと祈ったように、それにまきこまれず、自由でいるだろうし、またそうでなければならない」と言明し、国際的紛争、とくにヨーロッパの紛争にはまきこまれまいとする、いわば伝統的な孤立主義の立場にたっていることを示唆していた。

しかしこうしたローズヴェルトの言動は、かれ自身の国際主義的性格が変化したというよりは、アメリカ世論の動向に左右されていた面のほうが大きかったといえる。かれはナチス－ドイツの動きには細心の注意を払い、英仏と協力して平和を維持する方法をいろいろ模索していた。また大統領に就任してまもなく日本との戦争の可能性について閣僚たちと議論し、実際に新しい戦艦を建造するために、ＮＩＲＡの資金から二億三八〇〇万ドルもの金額を割当てたりした。そしてこの措置は、日本との間に新たな建艦競争を促す一因ともなったのである。

❖中立法の制定

これに対し、海外での紛争の危険が増すにつれて、アメリカの世論には孤立主義的風潮が一段と高まり、とくに議会内部では、行政府の施策をとおしてアメリカが国際的対立にしだいにひきこまれたりするのを警戒し、その可能性をあらかじめ取り除こうとする動きがでてきた。この傾向は、第一次世界大戦時の兵器産業の活動と参戦にいたる過程を調べた上院のナイ委員会の調査報告によって、油を注がれるかたちになった。

一九三四年、筋金いりの孤立主義者ナイ上院議員は兵器産業が戦争熱をかきたてる立役者であると非難して、調査活動にのり出し、その結果、兵器製造業者や銀行家が戦争から不当な利益をあげ、第一次世界大戦にアメリカ国民がまきこまれたのも、ウィルソンが主張したように民主主義を救うためというよりは、これらの軍需産業関係者が不当な利益を確保するために策謀したからであると糾弾《きゅうだん》した。こうしたセンセーショナルな暴露で世論がわきたち、さらに一九三五年ヒトラーの再軍備計画の宣言やムッソリーニのエチオピア侵略の構えで国際的不安が強まる中で、議会には、ヨーロッパに戦争が勃発したさい、アメリカが第一次世界大戦の二の舞を演じることがないように、予防措置として中立法を制定しておこうとする気運が高まってきた。

ローズヴェルトは中立法の制定には反対でなかったが、輸出禁止措置を適用すべきかどうか、またどこの国に適用すべきかの決定は大統領の自由裁量に任せるべきだと考えていた。だが議会はこうした特権を大統領に与えることに批判的であった。禁輸措置の適用について交戦国の間で差別をつければ、敵と味方をはっきりさせることになり、結局戦争にひきこまれる可能性が大きくなると考えられたからである。最後に妥協が成りたち、一九三五年中立法がうまれたが、それにより交戦国の戦争手段に利用される軍需資材の輸出とアメリカ船による武器の運搬が禁止され、また、アメリカ人が交戦国の船で旅行するのをやめさせる権限が大統領に付与された。これらの規定は不十分であったが、アメリカはともかく中立にむかって大きく一歩をふみだしたのであった。

一九三五年一〇月にイタリアのエチオピア侵略が開始されるや、ローズヴェルトは正式にはまだ戦争状態でなかったが中立宣言を発し、交戦国への武器禁輸を指令した。しかし石油を含め、イタリア向けのアメリカの輸出は急速にのび、ハル国務長官の道義的禁輸の要請にもかかわらず、アメリカ物資の船積みは増加し続けた。またローズヴェルトも、国際的共同行動に消極的な世論を反映して、国際連盟のイタリア制裁行為に参加しようとせず、石油禁輸もあえて強行しようとはしなかった。こうした状況のもとで審議された一九三六年中立法は、やはり不徹底なままに、ただ禁輸政策実施期間を延長し、交戦国への信用貸付の延長を制限するにとどまった。以上のような方策で紛争の拡大を回避しようとするローズヴェルトは、孤立主義者からはウィルソン的な政策を踏襲していると非難される一方、国際主義者からは事実上侵略者を支援していると攻撃されるなど、双方から批判を浴びる困難な立場にたたされた。

一九三六年夏にスペイン内乱が勃発すると、中立をめぐる事態はいっそう紛糾した。ローズヴェルトは一部の孤立主義者以上に中立に徹する態度をとり、英仏両国の見解に同調して、ただ厳重な不干渉政策だけがスペインの紛争を局地化し、世界戦争を防ぐ道であると主張した。その結果、スペイン内乱は二国家間の戦争であるかのようにみなされ、フランコの反乱軍もアメリカが承認した合法的かつ民主的な政府に対する反乱者として扱われなかった。もとよりこれはあくまで内乱であるため、中立法の禁輸条項をそのまま適用することは不可能であったが、スペインに対する兵器や弾薬の供給には道義的な禁輸が課され、それを無視して民間の輸出業者がスペイン政府軍に武器を売却すると、ローズヴェルトは武器禁輸条項を内乱にも適用できるように、中立法を強化する措置をとったのであった。

こうしたローズヴェルトの行為は非常に問題であったといえよう。それはアメリカ外交の先例やいわゆる国際法に反していただけでなく、アメリカとスペイン両国間の条約をも無視するものであった。アメリカは内乱の両陣営の双方に武器を売るか、さもなければいずれにも売らないという二者択一を迫られていたわけではなく、正当に承認された政府と正常な経済関係を保ちながら、反乱軍に輸出を禁ずることができたし、そのほうが法的にみても妥当であったといえる。しかも当時スペイン内乱が実際にはドイツとイタリアの侵略戦争の実験台としての意味をもち、民主主義とファシズム両勢力間の闘争の場になっていることがしだいに明らかになりつつあり、アメリカ人の中からも、スペインにわたり、ファシズムに対決する政府軍に身を投ずる者もでてきていたのである。ローズヴェルトがかれらの目にはフランコの味方をしていると映ったとしても、仕方のないありさまであった。だが、ローズヴェルトはそうしたスペイン内乱の本質を理解していたからこそ、内乱へのいかなる介入をも警戒し、紛争の局地化に全力をかたむけたのであった。そのため、かれは英仏の不干渉の方針に追随し、かれのこの態度が逆に英仏側のファシズムに対する宥和《ゆうわ》政策を助長させることにもなった。ファシズム勢力の危険を予知して、かれは西半球では米州諸国の結束を固めるために積極的な外交をうちだしていたが、ヨーロッパの紛争にはなんら効果的な対応策をもちえないでいた。当時の多くの西欧の政治指導者と同様に、かれもファシズム勢力増大の脅威と戦乱拡大の不安との間にはさまれて、ジレンマに陥っていたのである。

アメリカ議会もこのジレンマを打開する方策を見出すことができなかった。そしてヨーロッパ情勢が険悪になると、かえって交戦国とのかかわりあいを少しでも完全に断ちきろうとする保身的な傾向を強め、他方では全面的な禁輸は不況にあえぐアメリカ経済に打撃を与えるおそれがあるので、ここに「現金・自国船方式《キャッシュ・アンド・キャリー》」という新しい方式を一九三七年中立法の中におりこんだ。つまり交戦国への輸出は禁じないが、アメリカの物資を必要とする交戦国は積み出しのときに支払いをすませ、かつ自国船ないしアメリカ船以外の船舶で輸送しなければならないことにしたのである。これは、第一次世界大戦の経験にかんがみ、経済関係は維持しながら戦争にひきこまれる危険をなくそうとしてアメリカが考えだした苦肉の策であった。

❖「侵略者を隔離せよ」

一九三七年の中立法が制定されてから数か月もたたぬうちに、アメリカおよび西欧諸国は新たな挑戦に直面した。日本は満州を足場に、大陸侵略政策を進める態勢を整えてきたが、ついにこの年の七月、盧溝橋《ろこうきょう》事件をきっかけに、中国に対する本格的な攻撃を開始した。一方ヨーロッパでは、ヒトラーとムッソリーニの接近が一段と深まり、一一月には日本を加えて、独伊

スペイン内乱から帰ってきたアメリカ義勇兵

日三国の防共協定が結ばれた。そしてスペイン内乱もファシスト側の優勢が続き、年末にはフランコが総統に就任したのであった。

こうした状況のもとに、ローズヴェルトは孤立主義にとじこもり続けることの危険を察知し、平和を維持するために国際的な共同行動が必要であると考え始めたようにみえた。そして一〇月五日、かれは長年の間孤立主義の中心と目されていたシカゴで演説を行ない、アメリカは今や孤立と中立によって国際的無政府状態と不安から逃避することは許されず、侵略者がこれ以上世界の各地で勝利を収めるなら、いつまでも紛争にまきこまれずに自由でいられるような幸運をあてにすることはできないと国民に警告し、侵略者を伝染病保菌者にたとえ、集団的行動によってかれらを隔離しなければならないと訴えかけたのである。この演説は、一般に、ローズヴェルトが従来の中立路線から離れ、国民を国際主義的方向に導こうと試みたものとみなされた。

だが世論の反応は必ずしも好ましくはなかった。そして孤立主義派の議員はもとより、多くの新聞も、ローズヴェルトに攻撃を浴びせ、シカゴ「トリビューン」紙などは、大統領がシカゴを「戦争恐怖病の世界的ハリケーンの中心」にしてしまったと非難した。ローズヴェルトの警告を十分に理解し、それに同調する国民も決して少なくはなかったが、しかし、世論の大勢はやはりこれまでの中立の立場から離れようとはしていなかった。それからほぼ一年後のギャラップ世論調査でも、枢軸国と戦争がおこった場合、イギリスやフランスに武器弾薬を売ることに賛成したのは、有権者のわずか三四％にすぎなかったのである。

ローズヴェルトもこうした演説に対する反応をみて、「率先して進もうとしてふり返ってみたとき、誰もついてこないことがわかるというのは、ぞっとすることだ」と述懐し、ふたたびあともどりしてしまった。かれが実際にどれほど真剣に国際主義の方向に転換しようと考え、集団安全保障体制の構想を具体的に抱いていたのかわからないが、少なくとも世論を積極的に指導して、孤立主義的風潮を克服しようとする姿勢に欠けていたことは確かであった。国内改革の面では大胆に世論操作を行ない、統率力を示したローズヴェルトも、平和と安全の問題になると慎重になり、むしろ世論にひきずられるかたちになった。

多くのアメリカ人は、もしもナチス＝ドイツが西欧民主主義諸国を征服すれば、アメリカが単独でファシズムの軍事力に立ちむかわなければならなくなるだろうと不安に思っていた。だがそれと同時に、かれらは戦争から身を守ることに懸命であった。戦争が勃発した場合、英仏側を支援するのは当然であったが、やはり交戦状態にひきこまれることは避けようと考えていたのである。ローズヴェルトの曖昧な態度も、こうした国民感情を反映していた。

❖孤立主義の動揺

しかし以上のことは、単にアメリカにかぎらず、西欧諸国全体にいえることでもあった。ローズヴェルトの「隔離演説」の翌日、国際連盟総会は中国に対する日本の侵略行動を非難した報告書を採択し、中国の独立と領土保全を約束した日本も含む九か国条約調印国の会議の開催を提案した。そしてこの会議がブリュッセルでともかく開かれたが、ハル国務長官は「国際関係の根底にあるべき諸原則の強い再確認」以上には強くでない方針をとり、ブリュッセル会議は結局なんらみるべき成果をださないままに終わった。西欧側はここでも侵略に対し言葉以外のものでは対応しようとしないことを示したのであった。

ついで実際にアメリカの決断力を試す挑発的な事件が発生した。一九三七年一二月、日本軍はなんの理由もなく長江（揚子江）上のアメリカ砲艦パネー号とタンカーを爆撃し、死傷者までだす損害を与えた。この事件は直接アメリカが攻撃を受けただけに、ローズヴェルト政府の衝撃は大きかった。大統領は損害賠償のために国内の日本資産を凍結できるかどうか検討させるとともに、日本と戦争になった場合を想定して、イギリスと協議させた。ハル国務長官も日本に強硬な抗議を行ない、海軍内部では実際に開戦を要求する声もあがっていた。

しかし結局、パネー号事件は戦乱にはいたらずに片づけられた。日本側がアメリカの賠償その他の要求を受け入れたこともあったが、それ以上に、アメリカ国民の中に、日本の行動がどれほど無謀であれ、太平洋のはるかかなたにおこった事件でこれまでの戦争回避の努力をご破算にしてしまうような意思が存在していなかった。パネー号には、一八九八年にハバナ港で爆沈し米西戦争のきっかけになった戦艦メイン号のように、世論を憤激させる力がなかった。むしろ危険な中国水域にアメリカの艦船を滞在させておくことのほうが問題にされたのである。

しかもこの事件をきっかけとして、侵略の場合を除き、アメリカが参戦するかどうかの決定を国民投票に委ねようとする憲法修正の動きがでてきた。これは政府の権限を大きく制約するものであり、ローズヴェルトも「わが国の外交における大統領の運営能力を弱め、他国民にアメリカの権利を侵害しても心配ないと思いこませることになる」と、強く反発した。政府の圧力のもとに、この提案はわずかの差で実現をみずに終わったが、アメリカ国民の根強い孤立主義的性向がここにもはっきり示されていた。

一九三八年に入ると、ローズヴェルトは戦争を回避できる可能性に疑問をもつようになり、中立政策のベールのかげで、軍備の増強にのりだした。これには前年夏から深刻になった景気後退も影響していた。そして険悪さを増す国際情勢に対処するとともに、景気後退を大幅な政府支出政策で克服するために、ローズヴェルトは両大洋を防衛するのに十分な一〇年の長期にわたる大海軍建造計画に着手したのである。もとより孤立主義者はこの軍備拡張に批判的な態度をとり、国内経済政策の失敗を政府は海外の冒険でごまかそうとしており、もしもこの資源の豊富なアメリカで失業者をなくすことができないとしたら、どうして海外の問題を解決できようかと、ローズヴェルトを非難した。だが政府にとって、軍事支出こそは国内および対外政策の両面で、行きづまりを打開するもっとも好都合な手段であった。鋭い現実的な感覚をもつローズヴェルトがこれを見逃すはずはなかった。そして実際に大がかりな政府支出を契機に、景気はふたたび上昇に向かうとともに、中立政策と並行して、準戦時体制の整備が始まったのであった。ローズヴェルトはまだ集団安全保障による平和の構想はもとより、大戦勃発のさいに英仏側に参戦する意向も固めておらず、西半球の防衛を強調するだけにとどまっていたが、軍備の強化はいずれの場合にも役にたち、したがって中立政策そのものと矛盾しないと考えられたのである。

❖世界大戦の勃発

この間にもヨーロッパは戦争の瀬戸ぎわに近づきつつあった。一九三八年三月、ドイツはオーストリアを戦車で席巻《せっけん》して併合をなしとげ、スペインでは独伊の軍事支援をうけたフランコ軍が勝利を手中に収めようとしていた。さらにヒトラーはチェコスロヴァキアのズデーテン地方の割譲を要求し、世界はふたたび緊張につつまれた。九月に開かれたミュンヘン会談で、英仏側は結局ヒトラーに譲歩し、危機は一応回避されたが、この宥和政策はナチス＝ドイツの野心をいっそう強めることになった。しかしズデーテン問題の解決の報道がとどいたとき、多くのアメリカ人は一種の安堵感を抱き、ローズヴェルトも会談の結果に不賛成ではないとの意向をもらしていた。英仏の指導者やローズヴェルトがこのような態度をとったのは、ヒトラーの野望がこれでみたされると確信していたためか、それとも侵略のほこ先が西欧側ではなくソ連邦に向くだろうと期待したことによるのかは、おおいに議論の余地のあるところだが、ともかくミュンヘンで、西欧諸国は自分の身を守るために、東ヨーロッパの国をヒトラーに売りわたしてしまったのであった。

宥和政策の真意がどうであれ、ローズヴェルトは国防強化の方針だけはとりつづけた。ミュンヘン協定後まもなくして、ヒトラーはウィンストン＝チャーチルなど対独強硬派の存在を理由に新たな武装計画を宣言したが、それに対しローズヴェルトは三億ドルの軍備増強でこたえ、海軍の大西洋艦隊も編成された。議会でも、軍備強化が西欧諸国との共同計画の一部をなすのでないかぎり、中立主義支持の議員も含め、防衛予算に大きな反対はおこらなかった。そして政府関係者の中には、いぜんとしてアメリカにとりいっそう危険なのはソ連邦であると信じ、ファシズム諸国となんらかの和解に達することを望むものもいたが、ローズヴェルトはしだいにヒトラーと対決する構えを大胆にうちだし、世論をこの方向に導こうとするようになった。一九三九年一月の教書において、かれは、侵略を防ぐ手段の中で戦争がもっとも強力かつ効果的であり、中立法はどれほど慎重に制定しても、侵略者を助け、被害者を犠牲にすることになりかねないと警告を発し、ついで「アメリカの国防の前線はライン河にあり」と宣言して、西欧諸国を援助する意向をはっきりと示したのである。

一方、枢軸国側の侵略行動は進展を続け、一九三九年三月にドイツはチェコスロヴァキアを併合し、四月にはイタリアがアルバニアを占領、アジアでも日本が「大東亜共栄圏」の構想のもとに勢力圏の拡大に努めていた。これに対し、ローズヴェルトは有効な対策を見出すことができず、三一か国の名をあげて不侵略の約束を求めた親書をヒトラーにおくったが、嘲笑をかっただけに終わり、中立法の拘束から解放されようと議会に禁輸の全面的撤廃を求めた場合にも、必要な支持を集めることができなかった。ただ七月に通商条約の破棄を日本に予告し、経済制裁の第一歩をふみだしたにとどまった。

国際情勢が緊迫の度合を増しつづける中で、ローズヴェルトはこのように侵略の阻止と世論の転換の両面でこれといった手をうてず、焦燥感にかられていたが、アメリカ人の多くはまだ戦争回避の期待にしがみつき、世界大戦の悪夢がくり返されるなどとは信じていないようにみえた。だが事態はすでに戦争の一歩手前まできていた。八月二四日、突如としてドイツがソ連邦と不可侵条約を結び、西欧諸国に強い衝撃を与えた。ヒトラーの攻撃のほこ先が今やどこに向けられているか明らかであった。そしてついに九月一日、ドイツ軍はポーランド侵攻を開始したのである。アメリカ人はこれが大戦になるのではないかという不安とともに、英仏両国が結局またポーランドを見放して戦乱の拡大を避けるかもしれないという一沫《いちまつ》の期待をも抱いていた。しかし、戦争の恐怖はすぐに現実のものとなった。九月三日、英仏両国はドイツと戦争状態に入ったのである。

V 国際社会の再建をめざして

中立からの離脱

❖武器禁輸の撤廃

世界大戦が勃発したとき、アメリカがいずれの側を支持しているか、疑問の余地はなかった。第一次世界大戦をはじめ帝国主義諸国間の戦争であると考えたウィルソンと異なり、ローズヴェルトは最初からこの大戦を民主主義に対するファシズムの侵略であるとはっきりとらえ、したがって一九一四年のウィルソンとはちがい、アメリカ国民に中立の立場をとるように要求したりせず、実際にそうすべきではないと確信していた。ギャラップ世論調査でも、国民の八四%が連合国の勝利を望み、枢軸国側に支援を表明したのは、わずかに二%にすぎなかった。アメリカは開戦当初から、厳密な意味で中立ではなかった。そのため国民の多くは、好むと好まざるとにかかわらず、アメリカが連合国側に参戦することを余儀なくされるのではないかという宿命にもにた不安感におそわれていたが、それだけに戦争にひきこまれる可能性を少しでもなくそうと神経質になった。そしてここにローズヴェルトの行動のむずかしさがあった。

ドイツのポーランド侵攻の三週間後に、ローズヴェルトは特別議会を召集し、中立法を改正して武器禁輸を廃止するように要請した。孤立主義者の反対は予想以上に強かった。かれらの論理は簡単であった。武器禁輸の撤廃はそれだけアメリカを戦争に近づけると警戒されたのである。そこでローズヴェルトも武器禁輸の廃止を、連合国への援助ではなく、アメリカの参戦回避という観点から強調した。つまりアメリカの直接の武力介入を避けるためにこそ、西欧諸国を軍事的に支援する必要があると主張したのであった。

これは武器輸出がどういう結果をもたらすかという判断の問題に帰着することであったが、ローズヴェルトの説明はともかく世論に対し説得力をもつ一つの論理をなしていた。その結果、議会は一一月初め、新しい中立法で武器禁輸を撤廃し、ここに連合国はアメリカから必要な軍需品を購入できることになった。アメリカは事実上中立の立場をすてたのである。だが孤立主義者も武器輸出に「現金・自国船方式」の条件をつけ、アメリカ船の戦闘区域立ち入りを禁止するなど、紛争にまきこまれる危険を少なくするために、政府から譲歩をかちとった。

ローズヴェルトは西半球の結束強化の面でも積極的な行動にでた。リマ決議にもとづいて、一九三九年一〇月に米州諸国外相会議が開かれ、そこでカナダ国境以南の大陸周辺に幅五〇〇マイルから一〇〇〇マイルの水帯を設け、この海域内で交戦国が海軍作戦を行なわぬよう警告したパナマ宣言が採択された。これは米州諸国側の一方的な宣言であり、国際法的に拘束力をもつものではなかったが、アメリカは軍事的配慮を含めた米州諸国の集団行動の実現にむかって第一歩をふみだしたのである。

だがヨーロッパの戦況はまもなくアメリカ人の間に従来の楽観的なムードをもたらした。「八百長《やおちょう》戦争」と呼ばれたように、ポーランドが征服された後、一九三九年末から翌年にかけて、ヨーロッパ大陸には平穏な状態が訪れ、英仏両国とドイツとの軍事的衝突はおこらなかった。アメリカ人はこれをつぎの戦闘準備の時としてではなく、双方が暗礁にのりあげた徴候であり、ヒトラーは長期的な包囲網の中で力を消耗していくだろうと考えた。ローズヴェルトも、アメリカが窮極には大戦にひきずりこまれざるをえないだろうという宿命論的な気持ちがうすれ、西欧側に援助を与えれば、あくまで「大中立国」として戦争の外にとどまれるだろうという確信を深めたのであった。

しかしこうした幻想は、一九四〇年春にとつぜん破られた。ドイツは四月にデンマークとノルウェーを侵略し、翌月にはベルギーを、そして六月にはフランスを征服した。そしてこの数か月間にイギリス軍は大陸から駆逐され、ドイツに対する抵抗はくずれさったのである。

フランスの崩壊で、アメリカ国民の気持ちは一転し、深刻な危機感につつまれた。今やドイツとアメリカの間にたつのはイギリスだけとなり、それもいつ屈伏するかわからず、アメリカ

エリザベス女王とローズヴェルト夫妻、中央はジョージ6世
（1939年ポトマック号上にて）

はファシズムの侵略の脅威に直接さらされたようにみえた。だがこの危機感は、ローズヴェルトに強大な指導力を発揮させる機会を提供した。それはあたかも軍事政策面での「百日間」のようであった。早くも五月に、大統領はドイツ空軍によるアメリカ本土爆撃の可能性を指摘して、陸軍の機械化と機動化および空軍力のいちじるしい強化のために巨額の支出を要請し、議会は異例のスピードで、大統領の要求した以上の軍事予算を計上した。それでもまだたりず、大統領の増額要求にこたえて、議会は軍事支出を追加した。また両大洋海軍の必要を勧告すると、ただちに一三〇万トン以上の新艦船の建造が承認された。さらにローズヴェルトは軍事研究を調整するために、国防研究委員会を設立し、原子爆弾の開発をうみだすもとをきずいた。共和党の政府批判をにぶらせるためにも手がうたれた。ローズヴェルトは政府に挙国一致体制の装いをもたせるために、内閣の重要な国防ポス

トである陸海軍長官に、それぞれ共和党の有力者ヘンリー＝スチムソンとフランク＝ノックスを任命した。しかもかれらは大統領以上に対外強硬論者であり、軍備強化と国内結束を図るローズヴェルトにとり、いわば一石二鳥の効果をもった。ここにもかれのすぐれた政治的手腕が認められた。

このように非常事態の意識がもりあがる中で、アメリカは国防動員計画の整備にとりかかった。ヨーロッパの戦局が悪化するのをみて、国民の一部から平時徴兵運動がおこり、議会にも法案が提出された。徴兵制度はアメリカを大戦にまきこむ可能性を強めるとの理由で反対論も強く、ローズヴェルトも初め消極的であったが、ドイツによるイギリス侵攻の不安が高まり、世論も支持の方向に傾くと、かれは平時徴兵制度の実施にふみきったのであった。

❖西半球の結束の強化

ヨーロッパ大陸を征服するや、ヒトラーは実際に中南米諸国に対して圧力をかける構えをみせた。イギリスが屈伏したら、中南米諸国はドイツを頼りに市場を求めざるをえなくなるだろうとの警告がだされ、とくにアルゼンチンではナチス分子の活動が盛んになった。この挑戦に対し、ローズヴェルトは対ラテンアメリカ外交をもう一歩前進させた。一九四〇年七月に、キューバのハバナで米州諸国外相会議が開かれ、アルゼンチン、チリなど数か国はドイツに遠慮して参加しなかったが、アメリカは所期の成果を収めた。ハバナ会議では、ナチスに敗北したヨーロッパ諸国の西半球における領土がドイツの手に入るのを防ぐために、譲渡を否認する原則がうちたてられ、それらの領土に対し、集団的信託統治制度が設定されることになった。そして中南米諸国はアメリカに対し、非常事態の場合、いかなる対策をとることも容認した白紙委任状を与えたのである。

また、兵器生産上重要なこの地域の原料資源を確保するために、政府は輸出入銀行の活動を大幅に拡大し、米州諸国への貸付額は急速に増加した。ニューディール期に開始された「金融外交」はここに豊かに結実し、大戦の危機のもとで、アメリカの軍需生産を支える一つの支柱となったのである。そして外交上の協力および経済的結びつきをとおして、西半球の一体化は進み、一九四〇年末までに、アメリカはアルゼンチンを除くすべての南米諸国と防衛協定を結んだのであった。

ローズヴェルトが対英援助にあたり、かれ独特の柔軟性を示し、策略ともいえるような手をうって西半球の防衛を強化したのは、基地と駆逐艦の交換協定であった。アメリカ国民はイギリスを支援することに異論はなかったが、イギリスが勝利を収められる可能性がきわめてうすくなった現在、対英援助のためとはいえ、アメリカ自体の防衛力を弱めることになりかねない軍艦供与のような政策には、強い反対がでてくることは十分に考えられた。また、交戦国に対する軍艦の提供は国際法違反になることもほぼ確かであった。だが軍需資材の確保のために海洋の支配権の維持を絶対に必要とするイギリスは、ドイツ潜水艦に対抗する艦船に不足しており、アメリカに対し、五、六〇隻の老齢駆逐艦の譲渡を要請してきた。これを議会が容認する見通しは小さかったので、ローズヴェルトは駆逐艦と引きかえにバミューダやニューファンドランドなど西半球のイギリス領基地を手に入れる交渉を行ない、しかも議会をまったく通さずに協定をまとめてしまった。ローズヴェルトは、「これは国防強化のためにとられた措置の中で、ルイジアナ購入以来のもっとも重要なものである」と国民に釈明したが、議会の権威を無視し、国際法を逸脱した点で、この政策には問題が多かった。しかしローズヴェルトの崇拝者にとり、こうした大胆な行動はまさにかれのすばらしい政治力を示す賞讃すべきものと映ったのである。

❖大統領三選へ

この間にも、対外政策をめぐる論争は、一九四〇年秋の大統領選挙が近づくにつれて一段と激しくなった。アメリカでは、初代大統領ワシントンが二期で大統領職を退いて以来、どの大統領も二期でしりぞくのが慣例になっていた。初めローズヴェルトも三選には立たないだろうと信じられていた。かれが強引にこの神聖な掟を破ってひきつづき政権を維持しようとしたら、

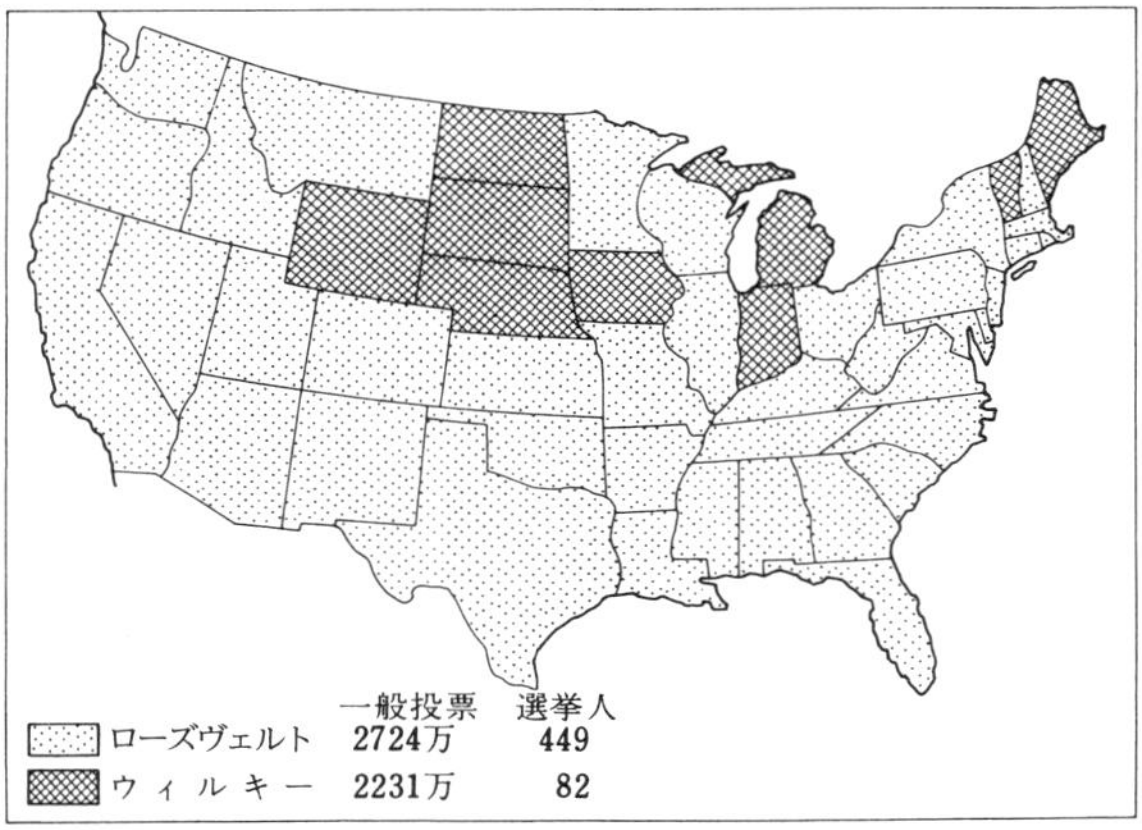

1940年の大統領選挙戦の結果

権力欲に飢えた野心家として強い反発を受けたことだろう。

だが二つの状況がローズヴェルトをアメリカ史上初の大統領三選にのりださせることになった。まず民主党内に、かれの代わりになるようなスケールと実力をもった候補者がいなかった。この点、ローズヴェルトの指導力があまりに大きく、独裁者に近い地位を占めていたため、むしろ後継者ができにくいところがあった。しかもかれは党内の保守派と進歩派の双方を含むさまざまなグループの利害や主張を調整し、それら全体を統率する力を備えた唯一の政治家といえた。しかしそれ以上に重要であったのは、これまでにない深刻な国際情勢の危機にアメリカが遭遇していることであった。早くも一九三九年春に、一部の民主党有力者は、「もしもヨーロッパで戦争がふたたびおこったら、大統領を再指名することになるだろう」と考えていたが、実際に四〇年西欧の敗北が濃厚になる中で、かれ以外の強力な指導者を見出すことはいっそう困難となった。ローズヴェルト自身、フランスの崩壊が決定的になったころ、持ち前の政治的野心に責任感が加わって、三選に出馬する決意を固めた。しかしかれはそれを表面にださず、民主党全国大会で文字どおりすばらしい演出をやってのけた。つまりローズヴェルトは自分では望まないのに国民の意思で仕方なく選挙にひっぱりだされるという形をとらせた。そして民主党全国大会において、「われわれはローズヴェルトを望む！」さらに「世界はローズヴェルトを望んでいる！」といった叫び声がわきあがる中で、この歴史的な指名が行なわれたのである。

一方、共和党も大統領候補の人選にあたり、困難な事態に直面した。ローズヴェルトの強大な指導力に対抗できる人物を見出し、かれの政策と対照的で、かつ魅力のある綱領をうちだすのはむずかしかった。結局、伝統的な共和党の体質を強くもつ保守的な候補者の代わりに、国際主義的な立場にたちＴＶＡに関してローズヴェルトと争ったが、国内改良政策にもかなりの理解を示すウェンデル＝ウィルキーが指名された。しかし、ウィルキーの出馬は共和党内の進歩派を勇気づけることにはなったが、逆にローズヴェルトとの争点がうすれ、共和党は不利な選挙戦をしいられることになった。かれはニューディールが繁栄の回復に失敗し、国防状態も不安定であると攻撃したが、アメリカ経済は戦争ブームにのって長年の不況をまさに克服しつつあったし、軍事力強化の点でも、ローズヴェルトはむしろ共和党以上に積極的であった。そこでウィルキーはローズヴェルトを戦争屋と非難し、国民に平和の保持を約束する態度にでたが、これを受けて、ローズヴェルトも、「何度でもくり返しますが、皆さんのご子息を外国の戦争にはやりません。わたくしはこの国が決して参戦することはないと約束します。」と公言したのである。

選挙の結果はローズヴェルトの大勝に終わった。国民は経済危機に示されたかれの指導力を、ひきつづき戦争の危機にさいして求めたのであった。勤労大衆層の間でみせたローズヴェルトの高い得票率は、「ローズヴェルト連合」が今や確固としたものとなり、民主党はそれを基盤に永続的な多数派勢力になっていることを示唆していた。それと同時に、ウィルキーが国内改革政策に対する全面的な攻撃を差しひかえたことにより、ニューディールが政権の移動にかかわりなくアメリカ社会に定着する可能性が強まり、ここにローズヴェルトは単なる当選以上に重要な政治的勝利を収めたといえた。また二大政党の候補者がいずれも国際主義的立場にたち、積極的な国防対策を主張したため、国民は対外政策に関していわば選択の余地を奪われ、アメリカが参戦の危険を冒しながらも、孤立主義を退け、ファシズムと対決する姿勢をいっそう強くうちだすようになることは決定的となった。

❖民主主義の大兵器廠《しょう》

ローズヴェルトは三選で国民の支持に自信を高めると、ファシズム勢力を封じこめる新たな施策にとりかかった。一九四〇年の末に、かれは大規模な対英援助を予告するかのように、アメリカを「民主主義の大兵器廠」にする決意を表明し、ついで翌年一月に、七〇億ドルにのぼる軍需品を連合国に供給する武器貸与法案を議会に提出した。これはアメリカ自身の参戦を防ぐための援助であると説明されたが、アメリカの防衛にとって絶対に必要であると認められた国に対し、航空機、船舶、その他の武器や軍需物資を売却、貸付、交換したり、あるいは供与する権限を大統領に与えることが規定されていた。したがってこの政策は、実際にせよ名目的にせよ、枢軸国と戦争しているあらゆる国に、アメリカが武器や食糧を大量に提供できるようにするものであり、最終的に中立の立場を破棄することを意味していた。しかし戦争行為に事実上近いものでありながら、それがあくまで参戦回避を意図していた点で、ローズヴェルトがまだ参戦には一線を画していたことは明らかであった。そしてこの微妙な戦術は、反対派からローズヴェルトが危険な方向に独走していることを示すものと攻撃されたが、むしろ当時の世論のジレンマを忠実に反映していたともいえよう。武器貸与法は二か月間ものあいだ議会で論議され、頑固な孤立主義者はもとより、良識をもってアメリカの平和と安全を考えている人々からも批判をあびたが、結局圧倒的多数で可決された。今やアメリカの国民は、ローズヴェルトの判断に身を委ねるよりほかはなかった。

武器貸与法はファシズムに対する戦略の重要な進展を示すものであったが、同時に、長期的にみて、アメリカの対外政策に一つの新しい局面を開くきわめて意義深い措置でもあった。これにより、アメリカは初めて単なる軍需品の輸出とは異なる「軍事援助」政策にふみだし、輸出入銀行による「経済援助」とともに、アメリカ外交の新しい重要な政策武器としたのである。実際にイギリスに対し、武器貸与と引きかえにイギリス経済圏の門戸開放を要求したように、アメリカは援助政策を、国際経済のブロック化を排除し、対外経済進出を促進する一つの手段として利用しようとした。また武器貸与のかたちをとったため、第一次世界大戦の場合のように、戦後深刻な戦債問題をひきおこし、国際経済秩序に悪影響を及ぼすような事態が生ずるのを、あらかじめおさえることにもなった。このようにローズヴェルトは、現実の軍事的必要に対処する中で、「金融外交」と同じくらい画期的ともいえる政策に手をつけたのである。

❖「四つの自由」の宣言

ローズヴェルトはファシズムに対しまっこうからたちむかう姿勢を固めたが、ただ単に軍事的に対決しようとしただけではなかった。かれはファシズムとの闘争で自ら守るべき価値を示し、道義的側面でも優位にたとうとした。そして一九四一年一月、議会にあてた教書の中で、自由の理念を高々とかかげたのであった。かれはアメリカ国民、さらには世界の人々にむかって、つぎのように宣言した。「われわれはつぎの四つの必要欠くべからざる人間的自由を理想とし、その基盤の上にたつ世界をきずこうと努力しているのである。それは第一に世界のいたるところにおける言論の自由であり、第二にすべての人の信教の自由であり、第三は世界全体にわたる欠乏からの自由であり、あらゆる国家がその住民に健康で平和な生活を保障できるように、経済的結びつきを深めることである。第四は世界のいたるところにおける恐怖からの自由であって、これは世界的規模で徹底的な軍備縮小を行ない、いかなる国も武力行使による侵略ができないようにすることである。」

以上のような「四つの自由」があまねく認められた社会の実現こそがこの大戦の目的であると強調して、ローズヴェルトは連合国への援助政策を推進するかたわら、それに対する強い精

連合国への武器貸与始まる

神的支柱を与えたのであった。かれは国際関係を権力政治的観点からとらえ、対策をうちだす傾向が強かったが、ここではそれに加えて、いわばウィルソン的な理想主義の面が頭角をあらわし、国際社会のあり方に一つのビジョンを提示したのである。

軍事情勢が悪化する中で「四つの自由」を宣言したローズヴェルトは、枢軸国に対する闘争の目的をさらにいっそう詳細かつ鮮明に示して、広範な反ファシズム勢力の結集を容易にしようと図った。一九四一年八月中旬、かれはイギリス首相チャーチルとニューファンドランド沖で会見した。当面の最大の関心事は対英援助の効果的な方法を検討することにあったが、この会談をとおして、「世界の将来に関する若干の共通原則」が宣言されたのである。これは第一次世界大戦のときのウィルソンの「十四か条」にも匹敵するもので、「四つの自由」を基礎にした八項目からなり、領土の不拡大、住民による政体の自由な選択、通商および資源に関する機会均等、経済条件向上のための国際協力と全人類の欠乏からの解放、公海の自由、武力の使

チャーチル首相（右）と会談するローズヴェルト

用禁止と恒久的安全保障制度の確立などの諸原則がおりこまれていた。「大西洋憲章」と呼ばれたこの共同宣言の法的性格はきわめて漠然としていたが、ここにアメリカとイギリス両首脳の戦争目的に関する見解の一致が明らかにされ、両国の戦時協力体制が一段と強化されたのである。

以上の理念や原則は、アメリカ国民のみならず、連合国側の人々の間に、しだいに根をおろし、かれらにファシズムとの戦争遂行にあたり道義的自信を与えることになった。そしてこれ以後、連合国宣言や国際連合憲章などにおいても、これらの原則はうけつがれ、ローズヴェルトは形式上は中立国の大統領でありながら、早くも単に連合国の兵器廠であるだけでなく、戦後の国際平和構想を推進する民主主義陣営の指導者と目されることになったのである。

❖宣戦布告なき戦争

この間にも、世界大戦はいっそう規模を拡大し、新しい局面に入っていた。ドイツ軍はユーゴスラヴィアとギリシャを席巻するとともに、一九四一年六月、突如としてソ連邦に攻撃を開始し、破竹の進撃を続けた。一方アジアでは、フランスの降伏後インドシナ北部に進駐した日本は、四一年七月インドシナ南部をも占領し、東南アジア全体が戦乱にまきこまれかねない情勢にあった。そして自由の理念と大西洋憲章で道義的に武装したローズヴェルトは、軍事面でもより大胆な行動にでる姿勢をとった。

まず武器貸与の実施に伴い、アメリカの海軍と空軍は大西洋の巡視に派遣され、その活動範囲は東方に広く拡大された。四月に入ると、ドイツの占領下にはいった本国政府から解任されていた駐米デンマーク大使と交渉して、グリーンランドの占領と軍事基地の設置を認めさせる協定をとりつけ、さらに三か月後に、アメリカ軍はイギリス軍に代わってアイスランドに進駐し、海軍は同島にいたる航路を防衛する任務についた。また、紅海は戦闘地域でないと言明して、アメリカ船を送り、エジプトのイギリス軍を援助したりしたのである。この間、ローズヴェルトはこうした事態の進展を必ずしも十分に国民には知らせず、政府の独断で手をうつといった面が強かった。だが五月には民間防衛局を設置し、ついで非常事態宣言を発して、国民に情勢が緊迫していることを訴え、連合国支援のためには多くの危険を冒さなければならないことを明らかにしたのであった。そしてアメリカの港湾にあった枢軸国の船舶は拿捕《だほ》され、ドイツ領事館の閉鎖およびアメリカの銀行にある枢軸国関係の預金の凍結が行なわれた。

このような状況のもとで、ドイツとの間に武力衝突がおこるのは、いわば当然のなりゆきであった。一九四一年九月、アイスランドに郵便物を運びながらドイツの潜水艦の行動に関する情報をイギリス船に与えていたアメリカの軍艦が魚雷攻撃をうけた。アメリカ海軍が中立に違反していたことは明瞭であったが、ローズヴェルトは直ちに、アメリカ船がドイツ潜水艦と接触した場合、攻撃をも辞さないだろうと警告を発し、実際に海軍に攻撃を許可する指令を与えたのであった。これは大統領の合法的権限をいちじるしく拡大解釈したものであり、事実上ドイツに対し一種の非公式の戦争を開始したことを意味した。だがローズヴェルトには、武器貸与がアメリカの国防にとって絶対に必要であり、国民の支持を受けているとすれば、それを支障なく遂行するのに十分な手をうつことが、政策担当者の使命であると考えられたのである。もとよりこうした行動はアメリカを大戦にまきこむ危険性が強く、狡猾《こうかつ》な策略めいた面もあった。しかしローズヴェルトは持ち前の柔軟性を発揮し、現実の事態の進展に応じてもっとも効果的な対策を講ずることこそ、安全を確保する道であると信じていた。そしてアメリカ国民はかれの情勢判断を信頼し、それに追随するほかはなかった。

武器貸与法でしかれた軌道にのり、実力行使をしても対英武器補給路を守る決意を固めたローズヴェルトは、一〇月にいっそう積極的な行動にでた。かれは「アメリカの旗のもとで物資を送る」ことが必要になったとして、アメリカ商船を武装させることを認め、さらにアメリカ船が戦闘区域に立ちいるのを禁じていた中立法の制限条項を撤廃するように要求した。議会の中には、大統領のこうした要請に対しかなり強い反対があったが、結局これも全面的に認められた。今やローズヴェルトが手にしていないものは、宣戦布告だけであった。しかしこれだけはかれの指導力をもってしても不可能に近いことであった。これまでローズヴェルトが独断で戦術をエスカレートした場合、議会が批判的になりながらも同調したのは、それがすべて参戦の回避を目的としていたからであって、ローズヴェルトもこの一線だけはくずせないことを承知していた。したがって世論を参戦の方向に転換させるには、単なる情勢の悪化だけではなく、国民全体を圧倒するような異常な衝撃が必要であった。

❖戦争の裏口

この異常な衝撃は、ほとんどすべてのアメリカ人の意表をついて、太平洋方面で発生することになった。かれらの主要な関心がドイツとの戦争にまきこまれることを避け、かつイギリスを援助して、ヒトラーに勝利を収めることに向けられていたとすれば、東アジア問題はいわば裏口にすぎなかった。だが参戦の危機はまさにこの裏口からしのびよっていたのである。

アメリカがドイツとしだいに公然たる交戦状態にひき寄せられていた間に、日米関係も緊張の度合を増し、実りのない長い交渉の後、行きづまり状態に陥ろうとしていた。日本は中国侵略戦争の泥沼にはまりこみながら、ヨーロッパにおけるドイツの勝利に乗じて北部インドシナに進駐し、一九四〇年九月には日独伊三国同盟を締結した。そして大陸侵略の方向をシベリアではなく東南アジアにとることをしだいに明確にし、翌年四月の日ソ中立条約で、この南進政策を決定的とした。これに対しアメリカは、一九三九年夏に日米通商条約の廃棄を通告して以来、鉄鋼のスクラップなど日本向け輸出品に対する統制を拡大するなど、経済的圧迫を強める方策をとってきた。だが、日本にとりもっとも重要な戦略物資とみなされた石油については、国民一般からきびしい制裁を加えるようにとの要求がでていたにもかかわらず、ローズヴェルトはその輸出禁止にふみきることには躊躇してきた。それは日米間の関係を調整不能なまでに悪化させてしまうおそれがあったからである。ローズヴェルトは、ドイツのヨーロッパ征服は西半球に対する直接の脅威とみなしていたが、日本のアジア侵略はアメリカ本土にとって間接的な危険でしかなく、したがって正面から日本に対決するよりは、その侵略政策の速度を少しでもにぶらせることに主眼をおいていたのである。

しかし一九四一年七月、日本がインドシナ全体を占領し、イギリスの交通路やインドネシアとフィリピンなどが直接その脅威にさらされるようになると、ローズヴェルトは連合国とアメリカ双方の利益を擁護するためにも、いっそう強硬な態度をとる必要に迫られた。そして日本に対して中国ないしインドシナからの撤兵を要求し、それが拒否されるや、ついに日本資産の凍結および石油を含む対日貿易の全面的禁止の措置をとったのであった。これは日本に対し、石油その他の資源を求めて東南アジアに進出するのを余儀なくさせ、事態をいっそう悪化させかねないものであったが、ローズヴェルトはすでに、日本が侵略地域からの撤退に同意しないかぎり、強硬な対抗手段にでる以外に道はないと考えるようになっていた。

そこで日本と意見を調整するために話し合いが行なわれたにもかかわらず、アメリカ側には日本の要求に譲歩する意向がほとんどなく、交渉は進展しなかった。八月末に日本が近衛文麿《このえふみまろ》首相とローズヴェルトとの首脳会談を提案したさいも、ハル国務長官は、日本の侵略地域からの撤退など、基本原則に関して事前に取りきめがなされないかぎり、それに反対であるとの考えに固執し、ローズヴェルトもこの強硬な態度に同調したのであった。その結果、日米開戦を回避する最後の機会ともいうべき日米首脳会談は結局実現をみずにおわり、一〇月に近衛内閣が倒れ、好戦的な東条英機《とうじょうひでき》内閣が誕生するや、両国間の調整は絶望的というよりほかはなくなった。そして一一月に入ってから日米両国政府は意見を取りかわしたものの、それはただ双方の立場の間に埋めることのできない深いみぞが存在していることを確認したにとどまった。日本は、アメリカが中国に対する援助を中止し、かつ中国における日本の行動の自由を認めたら、インドシナから撤退する可能性のあることを示唆したが、アメリカは、中国およびインドシナ双方からの日本の全面的撤退の線から一歩もひかず、それまで両国間の正常な経済関係の復活を拒否する旨を伝えたのである。

この回答がどのような事態をもたらすか、ローズヴェルトには自明の理であった。アメリカの政府首脳部はすばらしい情報網をもっており、日本の暗号を解読した結果、交渉の最終段階で、日本が武力に訴える態勢を固めていることを知っていた。問題は、日本の攻撃により、アメリカ国民が戦争の支持に結集するかどうかにあった。そしてこの点で、日本はローズヴェルトに願ってもない行動力を示したのである。

❖真珠湾攻撃

一九四一年一二月七日（日本時間では八日）、日本軍はハワイの真珠湾を奇襲攻撃し、アメリカ太平洋艦隊に甚大な損害を与えた。それは日本国民を狂喜させるめざましい戦果であった。これに対し、アメリカの世論は真珠湾攻撃でひどい衝撃を受け、憤慨にわきかえった。ローズヴェルトが対日関係のもつ危険性を国民に十分に警告していなかったこともあって、東アジアで危機がそれほどまでにさし迫っているとは一般に理解されていなかった。それだけに日本の軍事行動はアメリカ人の意表をつき、従来の戦争回避から一八〇度転換して、いっきょに戦争に結束させる効果をもったのであった。一二月八日、ローズヴェルトは日本の軍事行動を激しい言葉で非難して、議会に日本に対する宣戦布告を要請した。今や報復の意気にもえる世論を反映して、議会もほぼ全員一致で大統領の要請にこたえた。こうしてアメリカ国民は、長年の参戦回避の努力にもかかわらず、ついに大戦にまきこまれた。そしてアメリカの介入により、この国際紛争は文字どおり世界的規模に拡大したのである。

ここで問題になるのは、ローズヴェルトが、戦争にひきこまれることだけは避けたいという世論の意向を知りながら、アメリカを参戦に導き、かつ国民の圧倒的支持をとりつけるために、策略を用いたかどうかということである。実際にアメリカ人にとり、戦端は思わぬところで開かれ、しかも政府は日本軍による奇襲攻撃の可能性を事前に察知していたにもかかわらず、それに対し十分に備えることを怠っていた。対日交渉の最終段階でも、戦争に突入することになるのを知りながら、日本に対し強硬な姿勢をとり続ける一方、国民には事態の緊急さをはっきりと説明しなかった。その結果、真珠湾攻撃はアメリカ国民に対し、これ以上にないみごとな演出効果を収めることになったのである。ましてや、もしもローズヴェルトがアメリカの参戦の必要を認めて、それを実行する決意を固め、ただ大西洋ではヒトラー

対日宣戦布告に署名するローズヴェルト

がアメリカとの全面的衝突を避けて慎重に行動しているために戦端が開かれる可能性がうすく、かりにアメリカ側の大胆な挑発行為で交戦状態に入ったとしても世論の結集に不利であると考えて、日本に真珠湾攻撃をさせる戦術をとったのだとすれば、アメリカ国民はまさにかれの思わくにうまくはまりこんだことになったといってもよいであろう。

だがローズヴェルトが意識的に国民をわなにかけ、かれらの意思に反して大戦にひきいれたとみるのは、必ずしも妥当ではないだろう。平和を守ることと枢軸国を打倒することのうち、どちらを重視するかを問いかけた世論調査でも、無条件に平和の維持に固執したものは、一九四〇年五月の六四%から真珠湾攻撃直前の三二%へと、いちじるしい減少を示しており、その意味で、国民の意識の面でも参戦の機はすでに熟しかけていたといえないことはなかった。また、アメリカはまだ日本に対する戦略体制を十分に整えておらず、真珠湾の防衛の不備も、ひとつには政府と軍当局が日本軍の侵攻がまず東南アジア方面に向かうだろうと予測していたことにも原因していた。したがって参戦にいたる過程は、ローズヴェルトが術策を用いた面が多分にあったにせよ、それ以上に、対日関係の悪化を利用し、国民の結束を確保しながら、連合国全体の勝利に不可欠なアメリカの参戦を実現させた、かれの巧みな手腕と政治力を示すものであったと評価することができよう。

民主主義陣営の指導者

❖反ファシズム戦線の結成

アメリカの参戦により、第二次世界大戦は新しい段階に入り、ローズヴェルトは名実ともに民主主義陣営の指導者の立場にたった。一九四二年一月一日、ローズヴェルトの提議で、反ファシズム戦線に属する二六か国の代表がワシントンに集まり、連合国宣言が発せられた。そこでは、これら諸国が単独講和を行なわず、軍事的・経済的に協力して枢軸国に勝利を収めるまで戦いぬく決意が表明され、大西洋憲章の諸原則に賛意が示された。そしてこの宣言において初めて、後に国際連合を意味することになる「ユナイテッド・ネーションズ」という言葉が用いられ、アメリカは早くもその中心となる存在とみなされたのである。

だが一九四二年の前半、アメリカはきわめて困難な立場にたたされた。日本軍の東南アジアへの進撃はめざましく、マニラ、香港、シンガポール、インドネシアはつぎつぎと攻略された。

アジアには、アメリカの同盟軍としては、敗退したイギリス軍と無気力な蔣介石の軍隊しかなかった。他方ヨーロッパでは、イギリスがドイツ空軍の猛爆撃をかろうじて撃退していたものの、ソ連邦は領内に深く侵略をうけ、枢軸国側の優位は不動のようにみえた。

ローズヴェルトは東西の両面にわたる広大な戦線において、主要戦力をどちらに向けるべきかを決定しなければならなかった。もとよりこれは相対的な問題で、一方をなおざりにすることではなかったが、ローズヴェルトとチャーチルの協議の結果、当面はドイツに主力を傾けることが決定された。実際にヨーロッパの戦闘は東部戦線が主戦場となっており、ソ連軍がドイツの大軍を一手に引き受けていた。もしもドイツの打倒が最大の目標であるとすれば、共産主義とも手を握り、効果的な対ソ援助を行なうことは緊急の課題であった。

この点でも、ローズヴェルトは柔軟性に富んでいた。かれは早くもヒトラーの対ソ開戦の翌月に、もっとも信頼をおいている側近のハリー＝ホプキンスをソ連邦に派遣し、イデオロギーや社会体制の相違をこえて、ソ連邦に対する軍事援助問題の検討にとりかかっていた。アメリカ国内には、共産主義に対する不信感や、とくに大戦直前の独ソ不可侵条約に対する憤慨もあって、根強い反ソ感情があり、ソ連邦に援助を与えることには、世論はもとより財界や軍部からも強い批判があった。しかしローズヴェルトは純軍事的観点からその必要性を認め、四一年九月に援助品目の原案をまとめ、翌年三月にはあらゆる反対を押しきって対ソ援助を指令し

ソ連外相モロトフ(右)と会談するローズヴェルト

たのである。ここにはソ連邦承認政策の場合と同様、必要に応じて行動をおこすローズヴェルトの現実的姿勢と政治的包容力とがあらわれていた。
もっとも初めのうちは、武器貸与によるソ連邦への補給の流れはほんのわずかで、道義的援助の域をあまりでなかった。また、ソ連邦との提携もまだ相互の信頼にまで高まってはおらず、戦後の平和構想の実現のために協力しあうような態勢はできあがっていなかった。しかし対ソ援助は、本来ならば敵対する可能性の強いこの二大国をともかく「大同盟」に結束させ、ファシズム勢力を包囲する軍事網を完成させる重要な端緒となったのである。
西欧に連合軍を上陸させて第二戦線をつくる問題も難航した。アメリカ政府の首脳部は、早くからイギリス海峡を横断し、大挙して大陸に侵攻することを考えていたが、慎重を期するチャーチルの批判にあい、結局それは見送られた。一九四二年の段階でフランスに上陸しても、成功の見込みがうすく、他の地域で反撃を開始したほうが効果的と考えられたのである。したがって参戦後半年以上もの間、ヨーロッパ戦線におけるアメリカ軍の活動はそれほどめざましくはなかった。だがこの間にも、国内の軍需生産は急速な発展を示し、反撃にうつる準備は着実に進められていった。

❖国内戦線の整備

一九三〇年代の末より、ローズヴェルトは大規模な政府支出による軍需生産の増強にのりだしていたが、国際情勢が悪化する中で、戦時経済動員体制の整備を進めた。早くも一九四〇年には生産管理局を設置し、ゼネラル=モーターズ社長ウイリアム=S=ヌードセンや合同衣料組合会長シドニー=ヒルマンなど、財界や組織労働者の代表を政府機関に招いて、産業界の戦時協力体制の樹立に努めた。

一九四一年には軍需景気のもとに、アメリカ経済は長年の恐慌からぬけだし、完全雇用の状態に近づいていたが、政府は軍事生産を促進するために企業に種々の有利な政策を講じた。実業家は軍需面における資本支出の減価償却を通常の二〇年の代わりに五年で行なうことを許可され、戦後の産業転換費も租税から差し引いておいてもよいことになり、超過利潤税が事実上軽減された。このように経済の軍事化を積極的に育成する中で、政府の施策の重点も、ニューディール期のような経済社会の民主化よりは、資本の力の強化の方向にうつり、とくに軍需生産を担当する巨大企業と政府との結びつきが深められたのであった。

真珠湾以後、アメリカ経済の生産力はさらにいっそうめざましい上昇を示した。一九四一年より四四年までに、商船建造数は四倍以上に増加し、軍艦建造数も七四六隻にのぼった。航空機の製造でも、一九四〇年に大統領が年間五万機の生産を言明したときは空想的と批判され、実際にこの年は一万二〇〇〇機しか製造されていなかったが、四年後にはその八倍にまで増加したのである。軍需産業の発展はこのような量的な面にあらわれただけでなく、研究開発の分野でもめざましい成果があった。とくに日本の東南アジア征服で天然ゴムの供給がたたれたために、合成ゴムの生産が緊急となり、その大量生産が実現をみた。さらにレーダーその他の科学技術の進歩の面でも、目をみはらせるものがあった。

以上のような生産力の増強は、単に民間の努力だけでなく、政府の積極的な補助政策により拍車をかけられた。なかでも復興金融公社（ＲＦＣ）は重要な役割を果たした。ＲＦＣのもとに、軍需資材の買い付けを担当する防衛生産資材公社、戦時重要金属の生産を助成し、価格補助金を支出する金属備蓄公社、さらには国防生産設備を建設し、民間に委託経営させる国防生産施設公社が新設され、経済の軍事化のために巨額の財政支出が行なわれた。戦時中の新規の工場建設のうち、少なくとも六分の五は政府の融資によって実施され、それは最新のすぐれた生産設備を含んでいた。海外では、輸出入銀行がラテンアメリカの戦略物資の生産を高め、それらを買い占めるために、大がかりな金融活動に従事していた。こうして恐慌期に不況対策として始められた政府の金融・財政政策は、今や戦時の生産能力の伸長のために生かされることになり、ニューディールにおける政府の経済的機能の拡大は、いわば戦時経済動員体制を確立する基盤ともなったのである。

政府と実業界との協力を円滑にするために、多数の財界指導者が戦時生産庁その他の重要な政府機関のポストにつき、両者の結びつきは人的交流の面でも一段と強まった。財界人の多くは「ダラー・ア・イヤー・マン」と呼ばれ、ほとんど無報酬で公務につき、政府の内部で民間企業の利益のために働いた。また主に軍部などを中心に、政府関係者が軍需生産に従事する巨大企業に入ることも多くなったのである。

労働問題の操作も、政府と財界の協力と同様に重要であった。ニューディールで達成された労働組合の強化をもとに、政府は労使協調政策をおし進め、ＡＦＬとＣＩＯの指導者はストライキをしないという誓約に加わった。真珠湾攻撃後わずか三週間たらずのうちに、労使双方の代表者はワシントンで会合を開き、争議の平和的解決と、当時者間で解決できない紛争を処理する労働委員会の設立を宣言し、さらに翌月、ローズヴェルトは各四名の資本、労働、公益の代表から成る戦時労働委員会の設置にふみきった。そしてこれらの積極的な施策により、石炭産業など少数の例外を除き、戦時下の労働問題はかなり順調に処理された。物価の上昇に伴う生活難には当然大きな不満が生じたが、政府は賃金と物価のつり合いを保つために両者の統制

ケベック会談

政策にのりだし、この面でも、経済生活をそれほど大きく破綻させずに、統制を図ることに成功した。そしてこうしたアメリカの国内戦線の安定と強化こそ、民主主義陣営に逆境に耐える力を与え、ファシズムに対し反撃に転じさせる一つの原動力となったのである。

❖勝利への道

開戦当初の数か月間に、日本は西太平洋から東南アジアにかけて、巨大な勢力圏をきずきあげた。だが早くも一九四二年六月、日米両海軍の決戦を期したミッドウェー海戦で敗北を喫し、攻撃力に重大な損害をこうむった。ことにこの海戦で空軍兵力が決定的な役割を演ずることが明らかとなったが、この点日本が大戦艦を中心とする巨砲主義をとり続けていたのに対し、ローズヴェルトははじめからこの大戦では航空機が主要な戦力になることをみこし、空母の建造と航空機の生産に力を注いでいたのであった。そして強力な空母を保有し、制空権を握ったアメリカ軍は、しだいに優位にたち、とくにソロモン群島のガダルカナルにおける戦闘で日本の兵力を消耗させてからははっきりと戦局の主導権を握り、太平洋の島づたいに本格的な反撃作戦に転じた。日本軍はしだいに後退を余儀なくされ、一九四四年六月に本土空襲の基地となるサイパン島を奪われ、一〇月にはフィリピンのレイテ湾海戦で海軍兵力の過半を失った。今や海上で交戦する能力もなくなり、日本の敗北は決定的となった。

だがローズヴェルトはヨーロッパ戦線で、いっそう大がかりな反撃作戦にとりかかった。一九四二年一一月、チャーチルの主張にしたがい、アメリカ軍はヨーロッパ進撃の前哨戦として北アフリカに上陸する「炬火《トーチ》作戦」を展開し、枢軸国軍を打ち破るや、シチリア島を席巻し、ついでイタリア南部に侵攻した。こうして一九四三年九月、イタリアは降伏し、ファシズム陣営の一角が早くも崩壊した。この間に、レニングラードやスターリングラードを死守したソ連邦も反撃に転じ、ドイツ軍は後退を余儀なくされ始めた。

だが、第二戦線の設立をめぐる問題はいぜんとして難航を続けた。東部戦線の負担を早く軽くしてほしいというスターリンの再三にわたる要望にもかかわらず、米英両国はフランス上陸作戦にはなかなか着手せず、スターリンは両国の対ソ協力に不信感を抱きかねないありさまであった。第二戦線の作戦については、米英首脳の間で必ずしも見解が一致していなかった。

チャーチルは、戦後ソ連がバルカンを支配下に収めるのを防ぎ、この地域の勢力均衡を達成しようとする政略的な配慮もあって、ヨーロッパ戦線の「軟らかい下腹」ともいうべき南欧から北に向かって進撃することを考えていたのに対し、ローズヴェルトは純軍事的観点からのみならず、戦後ひきつづきソ連邦との協力を維持する必要からみても、その要望にこたえてフランスに新しい戦線を結成するほうが得策であると考えていた。そして一九四三年八月、両巨頭によるケベック会談の結果、結局後者の線にそって作戦がたてられることになった。翌年六月、ついに連合軍はノルマンディーに上陸する「重荷作戦《オーバーロード》」に着手し、ここに第二戦線が生まれた。連合軍はそのまま西ヨーロッパ内部に進撃を続け、東西の両面から反攻をうけたドイツの敗色は濃厚となった。そして共通の敵であるナチス－ドイツを打倒するために進められた米英両軍とソ連軍の作戦行動は、だれの目にも、軍事占領による勢力圏拡大の競争というよりは、世界を再建するための協力活動と映っていた。実際に、当時戦況の進展と並行して、ローズヴェルトも国際秩序を再編する構想をまとめるために精力的に活動していたのである。

戦後の世界平和の構想を求めて

❖集団安全保障の模索

戦時中、ローズヴェルトの外交上の主要な任務は、当然のことながら連合国間の結束を保持することにおかれ、その他のことはすべて、この至上命令ともいうべき課題に従属していた。そしてかれは軍事上の勝利に導く作戦会談においてはもとより、戦後の平和構想の立案作成にさいしても、連合国の協力体制を促進するうえに卓越した手腕をふるった。軍事的な「大同盟」を戦後の政治的な「大同盟」に発展させることこそ、かれがもっとも重視し、精力を注いだことであったのである。

国際的な政治指導者として、ローズヴェルトは参戦当初から、大西洋憲章の中にもりこまれたような国際秩序の実現をめざして、着実に努力をつみかさねていった。一九四二年一月、民主主義陣営の共通の戦争目的をうたった連合国宣言においても、「一般的安全保障に関する、より広範にして、恒久的ななんらかの制度」を樹立する必要が指摘されていた。そしてこの安全保障制度の立案をめぐる問題は、早くからローズヴェルトや国務省の役人はもとより、種々の民間団体や有識者によってとりあげられ、いろいろな角度から検討されてきた。かれらの提案にはさまざまなニュアンスの相違があったが、一般的に一つの共通した見解が認められた。それは、世界一の強国という地位に伴う国際的な責任をアメリカが果たす必要があり、そのためには自ら率先して国際機構を設立し、その中で指導的な役割を果たさなければならないということだった。このような世論の動きを背景に、ローズヴェルトは、単に軍事的共同作戦のためだけでなく、戦後の国際協力を確実にするために、たびたび連合国の首脳と会談をもち、終戦の条件とその後の方針を決定するうえに重要な役割を果たすことになった。

まず、北アフリカ侵攻作戦が開始されてまもない一九四三年一月、ローズヴェルトはチャーチルとモロッコのカサブランカで会談し、戦争の終結にあたり枢軸国と取引したりせず、全面的な勝利まで戦いぬくという「無条件降伏」の原理を採択した。これは枢軸国側の抵抗を頑強にし、大戦を長引かせたばかりか、これらの国の瓦壊《がかい》によって力の真空地帯をうみだし、共産主義勢力の進出を助けることになったと、後になって強い批判を浴びた。だがローズヴェルトは大戦を民主主義とファシズムの闘争ととらえ、枢軸国の体制を変革して民主化しなければ、国際社会の一員に復帰させることは不可能であり、さらに世界平和を維持するにはソ連邦と友

カイロ会談（左端が蔣介石）

好的関係を保つことがなによりも必要であると考えていた。したがって当時としては、無条件降伏を主張しても当然だったといえる。米英両国の首脳がこうした考え方にたっていたことは、半年後にカナダで開かれたケベック会談で、ドイツの非軍事化と工業力の破壊が検討されたことにもあらわれていた。

ソ連邦との協力を確保できるかどうかについては、まだ一抹《いちまつ》の不安があった。だが一九四三年春にコミンテルンが廃止されると、対ソ外交関係はいちじるしく好転し、その年の一〇月にハル国務長官はモスクワを訪れ、英ソ両国との外相会議に出席した。そしてそこで採択されたモスクワ宣言では、第二戦線の設定とともに、三大国が戦後においてもひきつづき緊密な協調を続け、さらに国際組織を樹立する必要があることを正式に認めたことがうたわれたのである。ここに国際連合の設立に向かって第一歩がふみだされた。ハル国務長官は帰国後、意気揚々として、大国間に

テヘラン会談の三巨頭
(左よりスターリン・ローズヴェルト・チャーチル)

この了解ができたからには、「もはや勢力範囲も、同盟も、力の均衡も必要ではなくなった」と楽観的な意見を表明したが、これはローズヴェルトの国際主義の信念でもあったのである。

モスクワ会談の翌月、ローズヴェルトはふたたび大西洋を渡って、チャーチルおよび蔣介石とカイロ会談を開き、日本が侵略した領土の剝奪《はくだつ》を宣言し、さらに中国に対し戦後の国際機構で大国の地位を与えることを約束した。ローズヴェルトの頭の中には、日本の崩壊後について、早くも中国を中心とする安定したアジアの再建が構想されていた。ついでかれはイランのテヘランにおもむいて、チャーチルとともにスターリンと会談し、軍事面の共同作戦の協議に加え、ここで「世界平和維持のための国際連合」案を提示した。そしてこのスターリンとの初めての会合で、ローズヴェルトはスターリンが話し合いのできる人物であり、交渉のやり方しだいでは十分にうまく手をとりあっていけると考え、自信を強めたのであった。

このように大国間の話し合いが進み、首脳者の個人的な接触が深まるにつれて、ローズヴェルトの平和構想はしだいに現実性を帯びてきた。かれは国際秩序を維持するには、米英ソ中四大国の緊密な協力関係がその基盤になければならず、いわば「四人の国際警察官」を柱にしてそれを実現しようと考えていたのである。ハル国務長官によれば、ローズヴェルトはフランスを含めた他のすべての国が武装解除されたら良いのではないかと望んでいたほどであった。これは大国を中心とした発想であり、国際関係の前提となるべき主権平等の原則と矛盾する面があったが、ローズヴェルトは国際社会の組織化という理想をかかげる一方、その実現にあたり、国際政治に占める力の要素を重視する現実主義的な立場をとったのであった。また、共産主義との体制の相違をそれほど気にせず、スターリンとの個人的な友好関係を保てれば、米ソ両国の関係もうまくいくと楽観的にみている面があった。これを現状認識に甘い非現実的な見解とみるならば、ローズヴェルトにはたしかにそういった要素もあった。

このようにローズヴェルトの国際平和へのアプローチには、理想主義と現実主義、それに楽観的な側面とが奇妙に混じりあっていたが、いずれにせよ国際社会の組織化をめざす熱意が全体を貫いて存在していた。そしてかれの国際主義は、世界の諸問題を大国の指導者の間の相互理解によって処理しようとする傾向があり、その意味で、エリート政治的な性格が濃かった。

晩年のローズヴェルトとその一族（1943年）

ここには、国内政治の場合と同様、かれの貴族的な背景の影響も認めることができよう。このような大国首脳の個人的折衝と政治力に大きく依存するアプローチは、世界平和を保障する手段としては弱い点があったが、逆にイデオロギーとか社会制度の違いに拘泥せずに大胆な同盟政策をうちだすことも可能にしたのであった。また、それだけにこの時期の集団安全保障の構想は、ローズヴェルト自身の指導力に負うところが大きかったといえる。

❖四選への道

国際社会を組織化しようとする計画は、ローズヴェルトの個性に大きく影響されていたが、かれは決して独走しているような印象を国民に与えなかった。この点、第一次世界大戦のときと異なり、国際主義の風潮がアメリカ社会の中に深く浸透していたことがルーズベルトに有利に作用した。だがそれ以上に重要なのは、ローズヴェルトが議会と世論の支持をとりつけるために、ウィルソンよりもはるかにすぐれた政治的配慮を示したことであった。かれは戦後構想を超党派の基盤にたってまとめるように努め、その各段階で議会の指導者を参加させ、さらに巧みに戦争の遂行と国際平和機構の樹立とが不可分の関係にあることを強調して、世論の啓蒙を図った。その結果、民主党のみならず共和党も、一九四三年には「恒久平和を達成するため国際協力機構にアメリカが責任をもって参加する」立場を正式に確認し、大戦末期の対外政策の基本方針について、超党派外交を行なう基盤がつくられたのであった。

一九四四年、ふたたび大統領選挙戦が近づいたとき、両党はいずれも国際協力を支持する態度をとり、この重大な時期に、対外政策をめぐって世論に大きな分裂をひきおこすような事態は避けられた。だが戦時中の選挙であるため、アメリカにとりやはり一つの大きな試練であった。

民主党の候補指名はローズヴェルト自身の意向にすべてがかかっていた。党内のボスや保守派はかれの再出馬に批判的であったが、ローズヴェルトはついに全国大会の一週間前に、「私は心の中ではハドソン河の故郷に帰りたい気持ちにかられている。しかし良き兵士として、私は大会の指名を受けるし、また奉仕するだろう」と述べ、第四期出馬の決意を表明した。民主主義陣営の勝利は確定的となっており、アメリカの指導者が交代しても戦況の行方にはそれほど支障はないと考えられたが、国際平和機構をきずく作業はむしろこれから重大な段階に入ろうとしており、その意味でもローズヴェルトの指導力はいぜんとして必要とされていた。そして民主党大会はこの人類にとって重要な仕事をなしとげることを期待して、かれを大統領候補にふたたび指名したのである。

だがここで、当時はあまり重視されなかったが、後になってきわめて大きな意味をもつことになった人選が行なわれた。それは副大統領候補の指名であった。一九四一年以来副大統領の職にあったヘンリー=ウォーレスは進歩派に属し、ソ連邦にも好意的で、もしも対ソ協調を戦後のアメリカ外交の根本方針とするなら、それを推進できる適任者といえた。だがかれは保守的な党の領袖のうけがよくなかった。その結果、ほとんど無名に近いハリー=トルーマンが特別に深い考慮もなく選ばれた。ローズヴェルトはもとより国民一般も、副大統領にはそれほど注目しておらず、それだけにトルーマンの反共精神や国際政治の指導力の有無などは十分吟味されたりしなかった。そしてこの決定が一年もたたぬうちに世界の歴史に重大な影響を及ぼすことになるだろうとは、だれ一人として夢にも思っていなかったのである。

選挙戦は終始ローズヴェルトに有利に展開した。かれは戦時大統領として、また総司令官として、国民の信頼を一身に集めていた。しかも対立候補である共和党のトマス=デューイは、外交政策の面で争点を見出せなかったばかりか、ニューディール以来の国内改革にも効果的な批判を行なうことができなかった。ニューディールはますますアメリカ社会に定着しており、ローズヴェルトの平和構想も、大多数の国民の信念となっていた。そしてあたかも自明の理であるかのように、ローズヴェルトは四選されたのであった。

❖「一つの世界」の実現へ

第二次世界大戦はようやく最終段階に入り、東アジアでは日本本土の空襲と並行してフィリピン攻略作戦が進展し、ヨーロッパでは連合軍が東西からドイツ国境に迫ろうとしていた。それと同時に、国際社会を組織化する活動も仕上げの段階に入りつつあった。

アメリカはすでに食糧農業機関や連合国救済復興機関を設立したり、国際労働機関を復活させる各種の国際会議に参加し、国際機構を整備する課題に積極的にとりくんでいた。また一九四四年七月に開かれた経済問題を討議するブレトン=ウッズ会議では、国際復興開発銀行や国際通貨基金を創設する協定が結ばれ、ドルを国際通貨の中心として世界経済秩序の再編が図られるとともに、アメリカ資本を軸にして世界的な規模で自由貿易体制を再建しながら経済復興を進めようとする構想がうちだされた。これはアメリカが圧倒的に強大な経済力を保有している実状からみて当然のことといえたが、アメリカの政策担当者の間には、大戦後に再発するかもしれない経済危機を対外進出によって未然に防止し、かつこの機に乗じてアメリカの経済圏を拡大しようとする積極的な意図も働いていた。それはアメリカ資本の力と自由貿易の理念のもとに、経済の分野で国境のない「一つの世界」を構築することを意味していた。

国際平和機構の設立についても、一九四四年八月よりワシントンの近郊でダンバートン＝オークス会議が開かれ、アメリカ案をもとに、国際連合憲章の具体的な計画が米ソ英中の四国代表者によって作成された。そこでは、大国の協力を集団安全保障の軸にしようとするローズヴェルトの考え方に、主権平等の原則が組み合わされ、拒否権やソ連邦の代表数など未決定の問題が残されたものの、国際組織の実現に向かって大きな前進をみたのであった。そして翌年二月に、三大国首脳の戦時協力のクライマックスともいうべきヤルタ会談が開かれることになった。

当時ローズヴェルトの健康はあまりすぐれておらず、クリミア半島のヤルタのような遠方に出向くのにはむいていなかったが、スターリンはソ連邦を離れることを望まないので、無理をおして長い旅路についた。それだけにこの会談にかけるローズヴェルトの期待は大きかった。かれは未解決の問題を処理してソ連邦の国際連合への加入を確実にしなければならず、最終段階にきた大戦の効果的な終結を図る共同作戦を打ち合わせ、さらに占領地域の戦後処理方式を協議する必要があった。そしてソ連邦との協力体制を固め、「大同盟」を軸とする平和構想の総仕上げを行なおうと大きな抱負をいだいていたのである。

これらの諸点で、ヤルタ会談は注目すべき成果を収めた。ドイツの非軍事化や分割管理を含む処理方針、枢軸国の民主化と東欧の臨時政府の改善、さらには大国間の緊密な連携をひきつづき保持するための外相会議の定期的開催などがとりきめられ、国際連合についても拒否権問題が解決し、憲章を採択する連合国会議の日取りまできまった。また対日戦争の早期終結をめざして満州の利権や南樺太と千島列島を交換条件にソ連邦の参戦が協定され、ソ連邦の中国国民政府支持も約束されたのである。ここに国際連合の設立が確実になり、大戦の終結およびそれ以後の諸問題について、大国間の協力体制が整えられたようにみえた。実際に本国にもどる帰途、深い疲労にもかかわらず、ローズヴェルトやかれの側近たちは喜びにもえ、明るい顔をしていた。かれらは勝利を確実にする手段、恒久平和の機構、それを支える大国の協調のすべてを手にいれたと考えていたのである。

後になって、ローズヴェルトはこの会談で持ち前の政治的判断力がにぶり、スターリンに多くのものを与えすぎ、共産圏を拡大させるもとをつくったと批判されることになった。だが冷戦になってからかえりみてソ連邦に対する過大な譲歩と思われることがあったとしても、ソ連邦の軍事力がきわめて重要な役割を果たし、ましてや対ソ協力が戦後の世界平和の第一要件とみなされていた当時としては、それらは当然必要とされる取引という面を強くもっていた。かりにこの取引においてソ連邦側に有利な面があったにせよ、むしろそうした犠牲を払って得た協力体制を維持し、それを積極的に活用していくことこそ、アメリカにとってより大切なことであったといってよかろう。少なくともローズヴェルトにはそのように考えられていたように思われる。

❖指導者の死

ヤルタ会談から帰ったローズヴェルトは二月末にサンフランシスコ会議の招請状を発し、三月一日には自らヤルタ会談の結果を議会に報告した。かれの報告には国際平和の実現が近いことを示す力強いひびきがあった。だがそれと同時に、この演説はローズヴェルトの健康が非常に悪いことをも暗示していた。かれは二〇年間に初めて公開の席で自分の身体の障害について口にし、腰かけたままの姿勢で語り、発音にもかなり困難をきたしているようにみえた。そこにはもはや昔からの他とくらべるもののない名調子は失われていた。かれと身近に接している人々の間には、大統領の健康について不安に思うものがでてきた。しかし、多くのものはやはりかれの超人的な力に盲信に近い感情をいだいていた。

ローズヴェルトの健康の衰えと並行して、ソ連邦との関係も、ヤルタ会談以後、しだいに悪化する不吉な兆候をみせ始めた。ソ連軍による東欧諸国の解放が進み、この地域で戦後の再建の問題が具体化するにつれて、ソ連邦に対するアメリカの不信感は高まった。ルーマニアで親ソ的政府がうまれると、アメリカはソ連邦がかいらい政権をたてたと考え、またポーランドでも、ロンドンの亡命政府が復帰できないのは、ソ連邦が自由選挙の約束を破って、自分に都合のよい政権を保持しようと画策したからであるとみなした。そしてこれらをとおして、アメリカの目には、ソ連邦が戦後の混乱に乗じて共産圏を拡大するためにヤルタ協定に違反する行動にでたと映ったのである。このことは反共主義者のみならず、ローズヴェルトのようにソ連邦との相互理解を重視する人々についてもいえた。ローズヴェルトはいぜんとしてソ連邦との協調の可能性に期待をかけていたが、それだけにスターリンの行動にいらだち、三月末にはチャーチルに電報を発して、ヤルタ以後ソ連邦の態度が変化したことに憂慮していることを伝え、四月一日には、スターリンに「ヤルタでとりきめられた政治的決定、とくにポーランド問題に関する決定が行なわれていない」ことに対して、強い語調で不満の意を表明した。しかしかれはソ連邦との完全な了解に達するには時間と忍耐が必要であり、ともかくいつも「ドアをあけておこう」と考え、そうすればスターリンと協力していっしょに仕事をすることができるだろうという信念をもち続けていた。

ローズヴェルトがこのようにソ連邦との協力を志向しながらも、スターリンの東欧政策に不信感をもったのは、かれの対ソ協力がアメリカ的な民主主義の考え方にそった世界の再建という構想にもとづいていたことに原因していた。つまりファシズムから解放された地域は自由主義制度が確立されるべきであると考えていたのである。しかもローズヴェルトの国際平和構想は理想主義的性格が強く入っていたため、一面で社会体制の異なる国とも提携しようとする包容性があったと同時に、他方で権力政治や勢力均衡の観点から国際政治をとらえようとする姿勢に欠けていた。その結果、かれが東ヨーロッパがソ連邦の安全保障にとってどれほど重要な意味をもつか、あるいはこの地域が新しい勢力関係からみてソ連圏にくみこまれるのがどれほど自然ななりゆきであるかを理解しようとせず、多くのアメリカ人と同様、共産圏の拡大をソ連邦の侵略のように受けとめたのである。ましてやローズヴェルトには、アメリカを中心に世界を再建することにより、アメリカが自ら「帝国」になり、解放者から抑圧者に変わる可能性があることなど念頭になかった。アメリカ的世界の拡大は民主主義の拡大と同一視され、それに反する行為はすべて戦後の世界平和を危くするもののように思われたのである。

今や世界の動向が必ずしもローズヴェルトの期待しているようにならないことが明らかになりつつあった。かれの手のとどかないところで、かれがコントロールできない動きが始まっていた。もしもローズヴェルトが長く生きていたら、持ち前の柔軟性を発揮して、この現実にうまく対応する手段を見出したかもしれない。だがかれの生命は、だれも予期しない間に、終わりに近づいていた。

一九四五年三月二九日、ローズヴェルトはしばらくの間休息するために、ジョージア州のウォームスプリングスに行った。これは以前かれが小児麻痺の療養をするために滞在した土地であり、しばしば静養に利用されていた。このときローズヴェルトの身体にはとくになにも異常はなく、かれの主治医はもとよりローズヴェルト夫人も同行していなかった。実際にローズヴェルトはこの保養地で平常どおり職務を行ない、すこぶる快適に過ごしているようにみえた。四月一二日かれは朝少し頭痛がしたが、そのままなにごともなくすぎ、雑務を片づけたり、描きかけの肖像画のモデルになったりしていた。だが昼近く、ローズヴェルトは急に頭に手をあてて椅子の背に倒れ、そのまま失神した。これがかれの最後であった。死因は脳溢血《のういっけつ》であった。政府の高官はもとより、ローズヴェルト夫人も主治医も臨終には居合わさなかった。アメリカの、そして世界の偉大なる指導者の最後としては、あまりに急激であり、はかないものであった。また、ワシントンで大統領の死を聞いたローズヴェルト夫人が気をとりなおしてから口をひらき、「私たちよりも、アメリカの人々と全世界の人々にとって、悲しいことです」と述べたように、かれのとつぜんの死は世界に大きな衝撃を与えた不幸なできごとであった。大戦の勝利は確定していたものの、戦後の国際秩序をまさにきずきあげようとする大切なとき、しかも新しい対立が芽ばえ始めた困難なときに、この偉大な指導者は地上を去ったのである。

かれの葬儀は四月一四日、生前の指示にしたがって短く簡素に行なわれた。監督教会派の司教が、ローズヴェルトの最初の大統領就任式の演説から、「われわれが恐れるのはただ恐怖だけである」という言葉をとりだし、くり返し述べた。それはかれの生涯を飾るにふさわしいひびきをもっていた。遺骸はハイドパークのかれの生地に埋められた。トルーマンがすぐに大統領の職務についたが、ローズヴェルトの死を悼《いた》む弔《とむら》いの鐘は、新しい不安な国際対立の時代の始まりを告げる不吉な合図でもあった。

あとがき

❖ローズヴェルトの遺産

ローズヴェルトが政権を握っていた一二年間は、大恐慌と世界大戦という世界の歴史にとりきわめて変動の激しい時期であった。それだけにかれがアメリカ、さらには国際社会に及ぼした影響は深く、その遺産は大きかった。かれはニューディール政策によって、多くの分野でアメリカの経済社会の構造に重大な変化をもたらし、そこにできあがった「ニューディール体制」は今日でもなおアメリカ社会の基盤をなしているといえる。またこれらの政策実験により、一時は自信を失ったかにみえたアメリカのリベラリズムにふたたび活力を与え、大がかりな施策をとおしていっそう強化された改革精神を後世に伝えたのである。ここには社会のもろもろの矛盾に対処する一つの現実的なアプローチが実例をもって示されたようにみえた。

国際舞台においても、ローズヴェルトはファシズムに対する民主主義陣営の闘争を勝利に導いた立役者であったばかりでなく、戦後の国際平和機構の樹立に向かっても指導的な役割を果たした。かれはイデオロギーの相違をこえて、社会体制の異なる国と手をとりあいながら世界の組織化と秩序の再建のために邁進する国際協力の理念を高々とかかげ、勢力均衡や権力政治の理解の面で制約があったにせよ、「一つの世界」の実現を目ざして献身的な努力をしたのであった。ここにはアメリカの強大な力をバックに、その自由主義の考え方と矛盾しない社会を世界的規模に拡大しようという発想が根底に横たわっていたが、ともかく一つの平和共存のあり方、あるいは可能性が示唆されていた。ローズヴェルトは楽観的すぎる面があったにせよ、かれなりに大国の協調を国際関係のもとにすえようと力をつくしたのである。

しかしかれの死後、ローズヴェルトの遺産は大きく形を変え、変質してしまったようにみえる。「ニューディール体制」は本来社会改革と民主化に力点がおかれていたのに対し、後には軍事支出が経済改革の最大の武器とされ、経済の軍事化が進展した結果、社会資本の充実が十分図られないままに、軍産相互依存体制と呼ばれるような状況がうみだされてしまった。このことは、ニューディールが結局恐慌の克服そのものには失敗し、戦時経済体制に入っていったことを考え合わせると、アメリカ経済機構により根本的な変革がなされないかぎり、いわば当然のなりゆきであったともいえよう。だがニューディールの進歩的な意義が社会の民主化の側面にあったとすれば、経済の軍事化は改革の伝統のあるべき姿ではなく、社会政策のいっそうの拡充をとおして困難な事態の解決に努めることこそ、ニューディールの長所を生かす道であった。しかも改革の原動力となったリベラリズムも、ニューディールの時期には、イデオロギーに拘泥せず、広い政治的包容力ないし柔軟性を有していたが、戦後になると反共がすべてに優先するようになった結果、自ら自由を圧迫するような不寛容な性格が強まり、現実の必要に応じて大胆な政策実験にのりだすような活力に乏しくなった。「ニューディール体制」と呼ばれながらも、以後のアメリカには、過去の遺産に安住するといった保守性が濃く、それを積極的に発展させていこうとする意欲が必ずしも十分に認められないのである。

国内のこうした動向は当然のことながら対外政策にも強く反映していた。ローズヴェルトが画策した国際機構はともかく設立され、国際社会はかつてみないほどに組織化されたが、かれの生前にすでにあらわれ始めていた米ソの対立は解消されるどころか、逆に激化の一途をたどり、冷戦という異常な事態が戦後の世界を支配するようになった。ここにローズヴェルトが恒常的な平和の基盤にすえようとしていた大国間の協調は実現をみないままに、世界はつねに核戦争の脅威におびえる不安な状態におかれたのである。そして共産圏の拡大を新しい勢力関係の必然の結果というよりはソ連邦の侵略政策によるとみなしたアメリカは、世界的な規模で反共封じこめ網をきずきあげ、「一つの世界」の構想はほぼ完全に潰《つい》え去ってしまった。それに伴い、自由の旗印のもとに反共体制の整備に最大の重点をおいた戦後のアメリカの政策は、アメリカ資本や自由企業の活動に不利な社会変革を求める動きが海外におこると、どれほどその地域の民主化や経済発展のために必要なものであろうと、それらに否定的な態度をとる「反革命」的姿勢を強めていった。ローズヴェルトがアメリカ的世界の拡大にいかに人類全体の福祉増進の期待をかけていたにせよ、アメリカの「自由の帝国」は、現実には民主主義の擁護者というよりは社会変革の抑圧者となる傾向をいちじるしく深めたのである。

戦後のこうした事態の進展は、ローズヴェルトの国内および対外政策の中にすでにその因子が含まれていたともいえよう。あるいは逆に、ローズヴェルトがもう数年間長生きして指導者の地位に留まっていたら、アメリカの施策態度にもう少し柔軟性をもたせ、情勢が悪化するのをある程度までおさえることができたろうとみることができるかもしれない。これらについて的確な判断をくだすことは不可能に近いであろう。だが一つだけ確かなことがある。それはかれの活動には現実主義と理想主義の双方にわたり汲みとるべき点がたくさんあるということである。そしてかれの遺産を少しでも人類の福祉のために生かすことは、ひきつづきわれわれの世代の課題になっているといえるのではなかろうか。

ローズヴェルト年譜

西暦（年）	年齢（歳）	年譜	背景をなす社会的事件・参考事件
一八八二	0	フランクリン＝デラノ＝ローズヴェルト、ニューヨーク州ハイドパークに生まれる	スタンダード石油トラスト結成。独墺伊三国同盟成立
八四	2	エレノア＝ローズヴェルト生まれる	日本、鹿鳴館時代始まる
九〇～九五	8～13	教育を両親と家庭教師より受け、たびたびヨーロッパ旅行につれていかれる	フロンティア消滅。反トラスト法 下関条約
九六	14	グロトン校に入学	共和党、選挙に勝利
九八	16	アルフレッド＝マハンの書物に強い影響を受け、米西戦争にも関心をもつ	米西戦争始まる。ハワイ併合 （一八九九）門戸開放宣言
一九〇〇	18	ハーヴァード大学に入学。父ジェイムズ死去	
〇三	21	大学新聞「クリムズン」紙の編集長に選ばれる エレノア＝ローズヴェルトと婚約	パナマ運河地帯を獲得
〇四	22	カリブ海およびパナマを旅行。ハーヴァード大学を卒業し、コロンビア大学に入学	T＝ローズヴェルト、モンロー主義を拡張解釈。日露戦争始まる
〇五	23	エレノアと結婚。ヨーロッパに新婚旅行	ポーツマス条約
〇七	25	弁護士試験に合格し、法律事務所に勤務	金融恐慌発生。三国協商成立
一〇	28	ニューヨーク州上院議員選挙に民主党より立候補して当選。政界に入る	T＝ローズヴェルト、「ニューナショナリズム」提唱。日本、韓国併合
一一	29	革新主義者としてシーハン事件に活躍	辛亥革命

一九一二	30	民主党の大統領候補指名大会でウィルソンのために活動。州上院議員に再選される	ウィルソン、「ニューフリーダム」を唱え大統領に当選
一三	31	ウィルソン政府の海軍次官補となる。海軍拡張計画をうちだす	（一九一四）第一次世界大戦勃発
一七〜一八	35〜36	第一次世界大戦のもとで海軍力増強のために活躍する	アメリカ参戦　ロシア革命 ウィルソンの十四か条
一九	37	ウィルソンの国際連盟案を支持	ヴェルサイユ条約締結
二〇	38	民主党の副大統領候補に指名される。だが選挙戦で敗退	国際連盟成立。上院、ヴェルサイユ条約批准拒否
二一	39	弁護士業にもどる。小児麻痺にかかり、療養生活が始まる	ワシントン会議開催。中国共産党成立
二四	42	アルフレッド＝スミスのために「幸福の騎士」演説を行ない、名声を博す	排日移民法制定。英国初の労働党内閣成立。ドーズ案成立
二八	46	ニューヨーク州知事選挙戦に出馬し当選	不戦条約。ソ連邦第一次五か年計画
二九	47	ニューヨーク州知事に就任、革新的政策に着手	ニューヨーク株式市場の大暴落。大恐慌始まる
三〇	48	ニューヨーク州知事に再選される	（一九三一）満州事変
三二	50	大統領選挙に立候補。「ブレイン＝トラスト」を組織し、選挙戦に勝利を収める	スチムソン＝ドクトリン宣言。満州国建国宣言。五・一五事件
三三	51	アメリカ合衆国第三二代大統領に就任。「百日」議会でニューディール政策に着手。ソヴィエト連邦を承認。モンテビデオ会議で「善隣外交」をうちだす	ヒトラー政権を握る。アメリカ金本位制離脱。ロンドン経済会議失敗に終わる。日本、ドイツ国際連盟を脱退
三四	52	輸出入銀行や互恵通商協定で、ラテンアメリカとの関係を深める	ソ連邦、国際連盟に加入。中国共産党の長征始まる
三五	53	ニューディールの第二期、改革諸政策に着手。中立法を制	ドイツ再軍備を宣言。フランス人民戦線結成。

		定	エチオピア侵略開始
一九三六	54	「経済的王党派」を攻撃。大統領選挙で再選される。ブエノスアイレス会議に出席	スペインで内乱始まる。ドイツ、ラインラント進駐
三七	55	最高裁判所の改組に失敗。中立法を改正。「防疫演説」を行なう	日中戦争勃発。日独伊防共協定成立
三八	56	海軍軍備拡張計画を提出、大規模な財政支出政策にのりだす。企業独占に関する調査に着手。民主党保守派の追放に失敗	ドイツ、オーストリアを併合。日本国家総動員法を施行。ミュンヘン会談開催
三九	57	第二次世界大戦にさいし中立を宣言、だが中立法改正により連合国側を支援。パナマ会議で西半球の結束を強化	ドイツ、チェコスロヴァキアを併合。独ソ不可侵条約調印。第二次世界大戦勃発
四〇	58	基地と引きかえにイギリスに駆逐艦を譲渡。大統領に三選される	チャーチル英首相就任。フランス降伏。日独伊三国同盟条約調印
四一	59	「四つの自由」演説。武器貸与法を制定。チャーチルと会談し、大西洋憲章を発表。日独伊に対し宣戦布告	独ソ戦争開始。東条内閣成立。日本軍真珠湾を攻撃、太平洋戦争始まる
四二	60	ワシントン会議を開催し、連合国共同宣言を発表。戦時体制を整備	連合軍北アフリカに上陸。ミッドウェー海戦
四三	61	カサブランカ会談で無条件降伏方針を採択。ケベック会談でノルマンディー上陸作戦を計画。さらにカイロ、テヘラン両会談で戦争協力や戦後処理問題を協議	スターリングラードでドイツ軍降伏。コミンテルン解散。イタリア降伏。日本軍ガダルカナルから撤退
四四	62	ダンバートン=オークス会議で国際連合設立案を具体化。ブレトン=ウッズ会議で国際経済秩序再建案まとまる。大統領に四選される	連合軍ノルマンディーに上陸。パリ解放。東条内閣総辞職。米空軍の日本本土爆撃本格化
四五	63	スターリン、チャーチルとヤルタ会談。脳溢血で死去	トルーマン大統領に就任。原爆投下。第二次世界大戦終わる。国際連合発足

参考文献

●評伝・人物論

『ルーズヴェルト』 中屋健一著 誠文堂新光社 一九六〇
『回想のローズヴェルト』 ジョン・ガンサー著 清水俊二訳 早川書房 一九六九
『ルーズベルト——自由世界の大宰相』 大森実著 講談社 一九七八
『アメリカの政治的伝統』Ⅱ リチャード・ホーフスタッター著 田口富久治・泉昌一訳 岩波書店 一九六〇
『アメリカ思想を形成した人たち』 ソウル・K・パドーヴァー著 中屋健一訳編 有信堂 一九六一

●ニューディール関係

『ニュー・ディール』 中屋健一著 弘文堂 一九五七
『ローズヴェルトの時代』(全三巻) アーサー・M・シュレジンガー著 中屋健一監訳
Ⅰ、『旧体制の危機』 論争社 一九六二
Ⅱ、『ニューディール登場』 論争社 一九六三
Ⅲ、『大変動期の政治』 ぺりかん社 一九六六
『ニュー・ディール』 デクスター・パーキンス著 新川健三郎訳 時事通信社 一九六三
『ニューディールの経済政策』 アメリカ経済研究会編 慶応通信 一九六五
『ローズヴェルト』 ウィリアム・ルクテンバーグ著 陸井三郎訳 紀伊国屋書店 一九六八
『ニュー・ディールの社会経済史』 小原敬士著 清明会 一九六九
『ニューディール政策の展開』(『岩波講座世界歴史』27) 斉藤真・新川健三郎著 岩波書店 一九七一
『ニューディール』 新川健三郎著 近藤出版社 一九七三

『大恐慌とニューディール』　新川健三郎編　平凡社　一九七三
●第二次世界大戦関係
『真珠湾への道』　ハーバート・ファイス著　大窪愿二訳　みすず書房　一九五六
『ルーズヴェルトとホプキンズ』　ロバート・シャーウッド著　村上光彦訳　みすず書房　一九五七
『アメリカの対日参戦――対外政策決定過程の研究』　福田茂夫著　ミネルヴァ書房　一九六七
『ローズベルトと第二次大戦――一九四〇―一九四五　自由への戦い』　ジェームズ・バーンズ著　井上勇・伊藤拓一訳　時事通信社　一九七二
『第二次世界大戦』　荒井信一著　東京大学出版会　一九七三
『日米戦争』　入江昭著　中央公論社　一九七八
●アメリカ現代史その他
『近代アメリカ政治史』　高木八尺著　岩波書店　一九五七
『アメリカ現代史』　中屋健一著　いずみ書房　一九六五
『現代国際政治史』　I・D・F・フレミング著　小幡操訳　岩波書店　一九六六
『アメリカ現代史――改革の時代』　R・ホーフスタッター著　清水知久他訳　みすず書房　一九七六
『ファシズムと第二次大戦』（『世界の歴史』15）　村瀬興雄編　中央公論社　一九六九
『アメリカ現代史』　田中勇著　講談社　一九七〇
『アメリカ現代史』　斎藤真著　山川出版社　一九七六
『アメリカ――二つの大戦のはざまに』　デイヴィッド・A・シャノン著　今津晃・榊原胖夫訳　南雲堂　一九七六

さくいん

新《しん》・人《ひと》と歴史《れきし》　拡大版《かくだいばん》　32
ローズヴェルト　ニューディールと第二次世界大戦《だいにじせかいたいせん》

定価はカバーに表示

2018年11月10日　　初　版　第1刷発行

著　者　新川《しんかわ》　健三郎《けんざぶろう》
発行者　野村　久一郎
印刷所　法規書籍印刷株式会社
発行所　株式会社　**清水書院**
〒102－0072
東京都千代田区飯田橋3－11－6
電話　03－5213－7151㈹
FAX　03－5213－7160
http://www.shimizushoin.co.jp
カバー・本文基本デザイン／ペニーレイン　　編集協力／㈱エディット
乱丁・落丁本はお取り替えします。　ISBN978―4―389―44132―6